단기간에 이 한권으로
완전 마스터 !!

현대기아자동차그룹

입사·승진 대비
말하기 시험

SPA

**Speaking
Proficiency
Assessment**

에듀크라운
국가자격시험문제 전문출판
http://www.crownbook.com

최고의 적중률!! 최고의 합격률!!

크라운출판사
국가자격시험문제 전문출판
http://www.crownbook.com

이 책을 펴내며…

"뭐라고 말해야할지 모르겠어요.",
"문장은 머릿속에 맴도는데, 입이 잘 안떨어져요.",
"Summary 파트만 가면 말문이 막히고, 문장을 풍부하게 만들지 못하겠어요"

　　취업, 승진, 주재원 발탁을 위해 SPA 시험을 준비하는 분들이 가장 많이 하는 말입니다. SPA 시험은 다른 스피킹(Speaking) 시험과 다르게 면접관과 실제 대면 인터뷰로 진행되는 시험으로 논리적인 답변을 필요로 하는 질문이 많이 출제되어 비교적 준비하기 까다로운 시험입니다. SPA는 정해진 유형에서 출제가 되지만, 날이 갈수록 다양한 주제와 꼬리질문으로 단순히 모범답안을 암기해서 답변할 수 있는 시험이 아닙니다. SPA는 단지 영어 실력만이 아니라 전체적인 영어 커뮤니케이션 능력을 평가하는 시험입니다.

　　이를 위해서는 틀에 박힌 답안이 아니라 적절한 어휘와 문장을 사용하여 실제 자신의 이야기 및 의견을 영어로 표현하는 능력을 길러야 합니다. 많은 한국인은 정보에 대한 질문에는 표면적인 정보만, 감정이나 경험에 대한 질문에는 단순히 감정, 경험에 대해서만 전달합니다. 하지만 SPA 시험에서 고득점을 얻기 위해서는 정보와 개인적 경험과 감정이 잘 조화되어야 합니다. 평소에도 더 입체적이고 풍부하게 표현하는 연습이 필요합니다.

이 책에서는 SPA 초보자도 빠르게 목표를 달성할 수 있도록 최근 출제된 실전 문제와 답변을 통해 시험에서 요구하는 답변을 만드는 방법, 즉, 시험유형과 주제별로 자주 사용되는 어휘, 표현, 문장구조 등을 제시하여 더욱 논리적이고 효과적으로 문장을 구성하는 방법을 설명하고 있습니다.이 책에 제시된 방법은 SPA 시험뿐만 아니라 일상 및 비즈니스 회화 영역에서도 큰 도움을 기대할 수 있을 것입니다.

그동안 수많은 SPA 응시자분들이 랩스를 통해 목표를 달성하였습니다. 다년간의 강의를 통해 많은 분들이 SPA 시험의 어떤 부분을 어려워하는지, 공통된 문제점은 무엇인지를 직접 경험하면서 어떻게 하면 SPA를 더 쉽게 접근할 수 있을지 고민하고 연구해왔습니다.
이러한 고민과 오랜 강의를 통해 쌓인 랩스만의 노하우를 이 책을 통해 공개합니다.

랩스어학원 연구진

SPA란 무엇인가

SPA(Speaking Proficiency Assessment) General Test는 실제 비즈니스 현장에서 쓰이는 영어 사용 능력을 평가하는 영어 스피킹 시험입니다. 외국인 평가 위원이 응시자를 인터뷰하는 방식으로 진행되며, 인터뷰의 내용은 문제 은행 방식으로 추출되는 질문으로 구성됩니다.

1-1 시험 진행 방식
응시자는 SPA General Test 전문평가위원(Native) 및 평가관리위원(Supervisor)으로 구성된 평가단과 10분에 걸쳐 5개의 Speaking Tasks 대해 면대면 방식으로 문답을 주고받게 됩니다.

1-2 문제 유형
1. 개인 질문
2. 지문 요약
3. 사회 현상에 대한 의견 말하기
4. 사진을 묘사 또는 비교하기
5. 그래프를 묘사하기

1-3 평가기준 및 배점

평가항목	배점	평가 내용
발음 (pronunciation)	12점	단어의 높낮이와 강세를 맞게 말하는가? 문장을 말할 때 전체적인 흐름과 리듬이 자연스러운가?
청취력과 답변내용 (L/C and Response)	36점	짧은 글을 듣고 요점을 파악해서 적절하게 요약하였는가? 질문의 내용을 정확히 이해하고 적절한 대답을 하였는가?
어휘사용능력 (Vocabulary)	12점	문맥에 맞는 정확한 단어를 사용하였는가? 수준 높은 단어나 적절한 표현을 사용하였는가?
문장구성능력 (Grammar & Structure)	24점	올바른 품사를 사용하였는가? 문맥에 맞는 정확한 시제를 사용하였는가? 문장 구조를 이해하고 정확히 사용히였는가? 단순한 구조를 가진 문장을 반복하는 것이 아니라 다양한 문장 구조의 문장들을 정확히 구사하였는가? 화제를 변환시킬 때 그에 적절한 표현을 구사하였는가?
언어구사능력 (Overall Fluency)	12점	대화에 있어서 소통이 잘 이루어지고 있는가? 논리적이고 명확한 대답을 하고 있는가? 답변의 영어 표현이 원어민처럼 자연스러운가? 자신감 있는 태도를 보였는가?

인터뷰 당시의 외국인 평가 위원의 1차 평가 후 인터뷰를 녹화한 자료를 다시 평가해서 최종 점수가 산출되며 8개의 등급 중 하나의 등급이 주어집니다.

1-5 SPA 평가등급

Level	Range	Ability
Basic (Level 1)	0~15	처음 영어를 접하는 수준이며, 레벨로 표시하기 어려운 단계 Speaker makes no attempt to respond. Speaker at the basic level lacks the English communication skills necessary to respond to questioning and/or may not comprehend what is being asked.
Low Intermediate (Level 2)	16-24	영어로 간단한 인사와 자기소개 정도를 할 수 있으며, 5W1H의 대답이 가능한 단계 Speaker is able to give one-word or short-phrase responses to the 5W1H questions. Speaker may not fully comprehend all questions and thus respond to an unrelated topic.
Intermediate (Level 3)	25-34	간단한 생활 영어가 가능하며, 발음과 문법에 초점을 맞추어 대화를 하는 단계 Speaker is able to communicate basic ideas within limited contexts, but is able to sufficiently support an opinion or statement. The majority of speaker's responses contain habitual grammatical, vocabulary and/or pronunciation errors.
Upper Intermediate (Level 4)	35-49	생활영어에 대한 전반적인 주제에 대해 대화가 가능하지만, 문법적 오류가 있는 단계 Speaker is able to communicate basic ideas across a wide range of general conversational topics. Speaker is occasionally able to provide some elaboration, but responses still contain frequent grammatical, vocabulary and/or pronunciation errors.
Low Business (Level 5)	50-64	비즈니스 회화가 가능하나, 심도 있는 언어 표현은 부족한 단계 Speaker is able to express general ideas successfully but with limited elaboration. Speaker may lack the vocabulary and complex grammatical structures necessary to deliver in-depth responses with accuracy.
Business (Level 6)	65-74	비즈니스의 다양한 상황에 따른 Formal한 회화를 구사할 수 있는 단계 Speaker is highly intelligible and able to express ideas and elaborate on responses effectively. Speaker may occasionally use imprecise vocabulary, grammar and/or pronunciation, but these errors do not hinder general comprehensibility.
Advanced (Level 7)	75-84	Native와는 구분이 되나, 회화에 있어 어려움이 전혀 없는 단계 Speaker's proficiency approaches the native level. Speaker delivers well-developed responses and explanations. At the advanced level, the speaker's use of imprecise vocabulary, grammar and/or pronunciation is rare and negligible.
Native Level 8	85-96	Native Speaker 수준의 영어 회화 단계 Speaker's proficiency is equivalent to that of a native speaker. Speaker demonstrates complete control of language and freedom of expression.

CONTENTS
목차

개인질문

1-1 자신과 주변 사람들 그리고 좋아하는 사람들에 대하여

✏️ 문제 유형 소개

자기 자신과 주변 사람들에 관한 질문입니다. 자기소개, 주거지 또는 성격 등을 묘사하는 문제와 가족 및 직장 동료와 같이 주변 사람들 혹은 좋아하는 배우 등을 묘사하는 문제입니다.

✏️ 어떻게 답변할까?

정답이 있는 것은 아니지만, 정리된 답변을 하는 것이 좋은 점수를 받을 수 있습니다. 자기소개의 경우는 자신의 이름과 나이, 가족관계, 직업을 차례차례 이야기하고 마지막으로 좋아하는 것을 덧붙일 수 있습니다. 마찬가지로 주변 사람과 좋아하는 사람을 묘사할 때에도 일목요연하게 답변합니다.

Q1

Tell me something about yourself.
당신 자신에 대해 말해 보십시오.

가장 기본적인 문제로 응시자 자신에 대한 이야기를 논리적으로 나열합니다. 첫째로, 이름, 나이 등 자신에 대한 설명 후 직업을 이야기하고, 마지막으로 좋아하는 것 또는 취미 등을 덧붙이는 것이 좋습니다.

Let me introduce myself. My name is Cheol-su Kim. I am 46 years old. I live in Mok-dong with my family. There are four people in my family: my wife, our two sons and myself. I work for H. Engineering. I am the design development team manager. My hobby is watching movies. I especially enjoy action films.

> **해설** 제 소개를 하겠습니다. 제 이름은 김철수입니다. 저는 46세입니다. 저는 목동에서 가족과 함께 삽니다. 저희 가족은 아내와, 두 아들 그리고 저까지 이렇게 4명입니다. 저는 H. 엔지니어링에서 근무합니다. 저는 디자인 개발팀 팀장입니다. 제 취미는 영화를 시청하는 것입니다. 저는 특히 액션 영화를 좋아합니다.

I would like to take a moment to introduce myself. I am Cheol-su Kim and 46 years old. I live with my wife and two sons in Mok-dong. I have been working for H. Engineering as the design development team manager for 10 years. My hobby is watching movies and my favorite genre is action.

> **해설** 잠시 제 소개를 하도록 하겠습니다. 저는 김철수이며 46세입니다. 저는 목동에서 제 아내 그리고 두 아들과 함께 살고 있습니다. 저는 H. 엔지니어링의 디자인 개발팀장으로 10년간 근무했습니다. 저의 취미로는 영화 시청을 들 수 있는데 제가 가장 좋아하는 장르는 액션입니다.

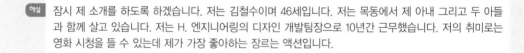

Word

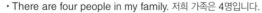

- There are four people in my family. 저희 가족은 4명입니다.
- have been working for A for 10 years : 10년 동안 A회사에서 일하고 있다

직급

- manager : 과장   • general manager / department manager : 부장   • deputy general manager : 차장   • Manager : 과장
- Assistant manager : 대리   • genre : 장르

Q2

What is your personality like?
당신의 성격은 어떻습니까?

자신의 성격을 나타내는 형용사를 말하고, 그에 대한 예를 말합니다.

I am sociable. I enjoy being with other people. Moreover, I like making new friends. For example, when I travel, I prefer to stay at a guest house than a hotel in order to make new friends. I also possess leadership. I am the team manager in my company. I am good at encouraging my co-workers to achieve a common goal.

> **해설** 저는 사교적입니다. 다른 사람들과 같이 있는 것을 즐깁니다. 나아가, 새로운 친구를 사귀는 것도 좋아합니다. 일례로, 여행을 할 때면 새로운 친구를 사귀기 위해 호텔보다는 게스트 하우스에서 머무는 것을 선호합니다. 저는 또한 리더십이 있습니다. 회사에서는 팀장으로 근무하고 있습니다. 저는 동료들이 공통의 목표를 달성할 수 있도록 독려하는 데 재능이 있습니다.

I am a sociable person who tends to enjoy being with other people and making new friends. When I travel, I prefer to stay at a guest house so that I can befriend others. Moreover, my natural leadership skills so aid me in working with others. I am a team manager at work and I have successfully encouraged my team to achieve our common goal on multiple occasions.

> **해설** 저는 사람들과 함께하는 것과 새로운 친구 사귀기를 좋아하는 편인 사교적인 사람입니다. 여행을 할 때에는 새로운 친구들을 사귀기 위해 게스트 하우스에 머물기를 선호합니다. 나아가, 저의 자연스러운 리더십 역량은 남들과 함께 일하는 데 도움이 됩니다. 저는 직장에서 팀장으로 근무 중인데 여러 차례에 걸쳐 공통의 목표를 달성할 수 있도록 저희 팀원들을 성공적으로 독려하였습니다.

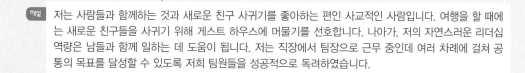

Word

- personality : 성격   • sociable : 사교적인   • tend to : …(~하는) 경향이 강하다.   • leadership : 리더십

성격을 나타내는 형용사

- friendly : 친절한   • generous : 관대한   • out going : 외향적인, 사교적인   • detail-oriented : 꼼꼼한
- open-minded : 마음이 열린, 편협하지 않은   • patient : 참을성 있는   • introverted : 내성적인   • extraverted : 외향적인

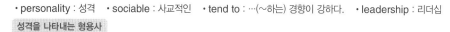

Q3

Describe your neighborhood.
동네를 묘사하십시오.

자신이 사는 동네를 묘사하는 문제입니다. 우선, 어디에 살고 있는지, 사는 곳은 어떤지 이야기하고 뒤에 생활 시설 등의 외형을 묘사합니다.

4급

I live in Mok-dong. It is a very quiet and peaceful neighborhood. There are a lot of apartment buildings and two big department stores. As such, it is a very convenient community. However, the public transportation system is inconvenient because there are not enough buses and the subway station is too far away.

해설 저는 목동에 살고 있습니다. 목동은 매우 조용하고 평화로운 동네입니다. 많은 아파트 건물들이 있으며 대규모 백화점도 두 군데나 있습니다. 그렇기에 편리한 지역입니다. 그러나 대중교통은 편리하지 않습니다. 왜냐하면 버스도 부족하고 지하철 역은 너무 멀기 때문입니다.

5급

The community that I live in is a peaceful residential area called Mok-dong. There are several apartment complexes that house a large population. Thanks to the population, there are two sizable department stores in the area which allows for a convenient shopping experience. However, the neighborhood's public transportation system does not contribute to the district's quality of life. There are insufficient buses and the subway station is too distant.

해설 제가 사는 동네는 목동이라는 매우 평화로운 주택지입니다. 여러 아파트 단지들에 많은 인구가 거주하고 있습니다. 그 인구 덕에 지역 내에는 커다란 2개의 백화점이 있어서 쇼핑하기에 매우 편리합니다. 다만, 지역의 대중교통 체계는 목동의 삶의 질에 기여하는 바가 없습니다. 버스의 숫자가 부족하며 지하철역은 너무 멀리 있습니다.

Word

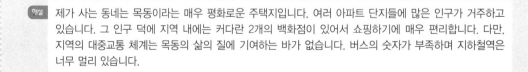

- Neighborhood : 동네
- Quality of Life: 삶의 질
- Apartment complex : 아파트 단지
- Public transportation : 대중교통

Q4

Describe your family members.
가족을 묘사해 보십시오.

함께 사는 가족을 묘사하는 문제이니 쉽습니다. 다만 여러 명을 묘사할 때에는 한 사람씩 순서대로 묘사하면 정리된 답변이 됩니다.

 4급

There are four people in my family : my wife, two sons and myself. My wife is a nurse. She has been working for a university hospital for 10 years. She is beautiful and considerate. My two sons are students. One is a middle school student and the other is a high school student. They like sports, especially soccer. My sons and I play soccer every Sunday.

> 해설 저의 가족은 4명인데, 제 아내, 두 아들 그리고 제 자신입니다. 제 아내는 간호사입니다. 아내는 대학병원에서 10년 동안 근무하고 있습니다. 제 아내는 아름답고 사려 깊은 사람입니다. 두 아들은 학생입니다. 한 명은 중학생이고, 다른 한 명은 고등학생입니다. 아들들은 스포츠를 좋아하는데 특히, 축구를 좋아합니다. 아들과 저는 일요일마다 축구를 합니다.

 5급

My family is made up of 4 people : my wife, our two sons and myself. My beautiful and considerate wife works as a nurse at a university hospital. My eldest son is a high school student and my youngest goes to middle school. They both enjoy sports, especially soccer. I play soccer with my sons every Sunday.

> 해설 저희 가족은 모두 4명으로, 아내와 두 아들 그리고 제 자신입니다. 아름답고 사려 깊은 제 아내는 대학병원에서 간호사로 근무하고 있습니다. 큰 아들은 고등학생이며 막내는 중학생입니다. 둘 다 스포츠, 특히 축구를 좋아합니다. 저는 아들들과 일요일마다 축구를 합니다.

Word

- work for : …에서 근무하다   • one … the other : 둘 중 하나는 … 나머지 하나는(다른 한 쪽은)…   • considerate : 사려 깊은
- elder son : 큰아들   • youngest son : 막내아들

Q5

Describe your favorite relative.
가장 좋아하는 친척을 묘사하세요.

자기소개와 같은 형식으로 답변을 구성합니다. 이름, 나이, 가족, 성격 등을 나열합니다. 주어가 삼인칭이므로 동사 뒤에 붙는 S 사운드에 유념해야 합니다.

My favorite relative is my aunt. She is my mother's younger sister. She's over 60. She has one daughter and one son. She lives in Seoul with her son. She is cheerful and sociable. When I was young, my parents were very busy so my aunt took care of me like her own child. I would study with her kids after school.

> **해설** 제가 가장 좋아하는 친척은 제 이모입니다. 이모는 엄마의 여동생입니다. 연세는 60이 넘으셨습니다. 슬하에 딸 하나와 아들 하나를 두셨습니다. 이모는 서울에서 아들과 함께 살고 있습니다. 이모는 명랑하고 사교적입니다. 제가 어렸을 적에 부모님이 바빠서 이모가 저를 친자식처럼 돌봐주셨습니다. 학교가 끝나면 사촌들과 이모 집에서 공부를 하곤 했습니다.

My favorite relative is my aunt on my mother's side. She's over 60. She has one daughter and one son with whom she lives in Seoul. She is a cheerful and talkative person. She likes to go out and mingle with other people. When I was young, she took care of me like her own child instead of my busy parents. I still remember studying with her kids after school.

> **해설** 제가 가장 좋아하는 친척은 이모입니다. 이모는 60세가 넘으셨습니다. 딸과 아들을 두셨는데, 아들과 서울에서 같이 살고 있습니다. 이모는 명랑하고 이야기하는 것을 좋아합니다. 외출을 하고 다른 사람들과 어울리는 것을 좋아하십니다. 제가 어렸을 적에 바쁜 부모님 대신에 이모는 저를 친자식처럼 돌봐 줬습니다. 아직도 학교가 끝나면 사촌들과 함께 공부했던게 기억납니다.

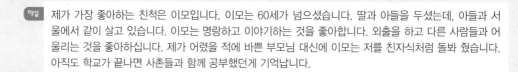

Word

- aunt on my mother's side : (외가 쪽의) 이모   • go out : 외출하다   • mingle with people : 사람들과 어울리다
- instead of : 대신에   • relative : 친척   • aunt : 이모, 고모, 숙모   • daughter : 딸   • son : 아들   • cheerful : 명랑한
- sociable : 사교적인   • take care of : 돌보다

relatives

- parents : 부 father + 모 mother   • grandparents : 조부 grandfather + 조모 grandmother   • aunt : 이모, 고모, 숙모
- uncle : 삼촌, 큰 아버지, 고모부, 이모부   • cousin : 사촌   • niece : 여자 조카   • nephew : 남자 조카
- mother-in-law : 시어머니, 장모   • father-in-law : 시아버지, 장인

Q6

Describe your best friend.
가장 친한 친구를 묘사하십시오.

자기소개와 같은 형식으로 답변을 구성합니다. 이름, 나이, 가족, 성격 등을 나열합니다. 주어가 삼인칭이므로 동사 뒤에 붙는 S 사운드에 유념해야 합니다.

Let me describe my best friend, Young-min. We went to college together so we have known each other for more than 10 years. He is a flight attendant at an airline. He is tall and thin. He is also humorous. He always makes me laugh.

> **해설** 저의 제 가장 친한 친구 영민을 묘사해 보겠습니다. 저희는 대학을 함께 다녀서 서로 알고 지낸 지는 10년이 넘었습니다. 영민은 항공사 승무원입니다. 키가 크고 말랐습니다. 그는 또한 유머러스합니다. 저를 항상 웃게 합니다.

My best friend is Young-min. We have known each other for more than 10 years since we went to college together. He is now working for an airline as a flight attendant. He is tall and thin. He also has a good sense of humor so he always makes me laugh by cracking jokes.

> **해설** 저의 가장 친한 친구는 영민입니다. 저희는 같은 대학을 다닌 이후로 약 10년간 알고 지내는 친구입니다. 영민은 항공사에서 승무원으로 일하고 있습니다. 그는 키가 크고 말랐습니다. 그는 또한 뛰어난 유머 감각을 지니고 있어 재미있는 농담으로 항상 저를 웃게 만듭니다.

Word

- flight attendant : 항공사 승무원   • airline : 항공회사   • a good sense of humor : 뛰어난 유머감각   • crack a joke : 농담을 하다
- have known each other : ~ 오래전부터 서로 아는 사이

Q7

Describe your favorite celebrity.
가장 좋아하는 유명인을 묘사하십시오.

유명인은 배우, 운동선수, 정치인, 가수, 아나운서 등 사람들에게 잘 알려진 사람을 말합니다. 이들 중에서 가장 좋아하는 사람을 묘사합니다. 우선 직업을 설명하고 그다음 경력이나 활약 등을 덧붙입니다.

 4급

My favorite celebrity is Ji-hyun Jun. She is a Korean actress. She has starred in many movies. She played various roles including a thief and a sniper. I think her most impressive role was as a college student in the romantic commedy 'My sassy girl'. I like her because she is a good actress and tries her best for her movies.

해설 가장 좋아하는 유명인은 전지현입니다. 전지현은 한국의 여배우로, 많은 영화에서 주인공 역을 해 왔습니다. 그녀는 도둑이나 암살자와 같은 다양한 역할을 맡았습니다. 제 생각에 그녀의 가장 인상적인 역할은 로맨틱 영화인 '엽기적인 그녀'의 여학생입니다. 저는 전지현이 연기를 잘하고 영화를 위해 최선을 다하는 배우이기 때문에 좋아합니다.

 5급

My favorite celebrity is Ji-hyun Jun. She is a Korean actress who has starred in many movies in which she played various roles ranging from a thief to a sniper. Amongst them, the most impressive role she played was as a female college student in the romantic commedy 'My sassy girl'. I like her because she is a good actress and tries her best for her movies.

해설 제가 가장 좋아하는 유명인은 전지현입니다. 그녀는 한국의 여배우로 많은 영화에서 주인공 역할을 했고, 도둑에서부터 암살자까지 다양한 역할을 했습니다. 그중에서도 가장 인상적인 역할은 로맨틱 영화인 '엽기적인 그녀'의 여학생 역입니다. 제가 그녀를 좋아하는 이유는 그녀가 좋은 배우이고 영화를 위해 최선을 다하기 때문입니다.

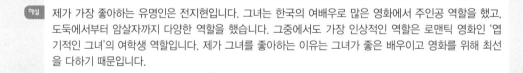 **Word**

• celebrity : 유명인 • heroine : 여주인공 • thief : 도둑 • sniper : 저격수

16

1-2 여가 활동 또는 휴가에 대하여

🖊 문제 유형 소개

주말 등 여가 시간에 할 수 있는 활동, 즉, 영화, 음악, 운동, 쇼핑 등에 관련된 질문과 휴가에 관련된 질문이 출제됩니다. 문제는 '주말에 무엇을 합니까?' 또는 '어떤 음악을 좋아합니까?'와 같은 단순한 질문 또는 '온라인에서 쇼핑을 하는지 아니면 상점에서 쇼핑을 하는지?'와 같은 선택 문제가 출제됩니다.

🖊 어떻게 답변할까?

단순히 Yes나 No의 대답을 요구하기보다는, 무엇을, 누구와, 어떻게, 왜 등을 묻는 질문이 주를 이루므로, 질문의 앞부분을 주의해서 듣습니다. 답변은 논리적으로 구성합니다. 즉, 주말을 어떻게 보내느냐는 질문에는 '누구와 함께 무엇을 한다'는 문장으로 시작하여 자세한 설명을 뒤에 덧붙여 줍니다.

Q1

How do you usually like to spend your weekends?
주말은 주로 어떻게 보내는 걸 좋아하십니까?

보통의 주말을 떠올리고 하는 일을 나열해도 되며 주말마다 즐기는 취미나 운동이 있다면 그것을 중심으로 이야기합니다. 반복되는 일을 묘사하는 것이므로 현재 시제를 사용합니다.

 4급

I usually spend time with my family on Saturday. We eat out for lunch. We dine at a restaurant in our neighborhood. Our favorite is a Thai place. We enjoy the Thai noodles served there. On Sunday, I play soccer in the morning. I am a member of a local soccer club. My club plays in the local elementary school's playground for about three hours. Afterwards, it is back to my family.

> **해설** 일반적으로 토요일에는 가족과 시간을 보냅니다. 점심에는 외식을 합니다. 동네에 있는 식당에서 식사를 하는데 저희가 가장 좋아하는 곳은 태국 음식점입니다. 그 식당의 타이 국수를 좋아합니다. 일요일에는 오전에 축구를 합니다. 저는 동네 조기축구팀의 회원입니다. 우리 팀은 근처 초등학교의 운동장에서 3시간 가량 축구를 합니다. 그 후에는 다시 가족과 함께합니다.

 5급

I usually spend Saturday with my family by eating out for lunch at a Thai restaurant in the neighborhood. We enjoy the Thai noodles they serve. On Sunday, I get some time to myself because I play soccer with a local club that I belong to. After about three hours of kicking the ball in the morning, I get back to my family.

> **해설** 토요일에는 주로 동네의 태국 음식점에서 점심시간에 외식하며 가족과 시간을 보내게 됩니다. 저희는 그 식당의 타이 국수를 좋아합니다. 일요일에는 혼자만의 시간을 갖게 되는데 제가 속한 동네 조기축구회에서 축구를 하기 때문입니다. 오전에 한 3시간 정도 공을 찬 이후에는 다시 가족에게로 돌아갑니다.

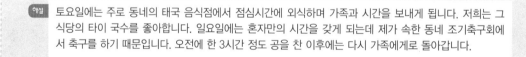

Word

• **eat out** : 외식하다   • **play soccer** : 축구 경기를 하다   • **belong to** : 소속이다. ~에 속하다.

Q2

Tell me about your last vacation and what is your plan for your next vacation?

지난 휴가에 대해 말해 보세요. 그리고 다음 휴가에 대한 당신의 계획은 무엇입니까?

휴가에 대한 질문이므로 과거의 휴가 중에 하나를 묘사하면 됩니다. 간략하게 '어디에서 누구와 무엇을 했다.'로 답변하고, 느낌을 덧붙이면 됩니다. 다가올 휴가에 대해서는 '어디에 가서 무엇을 하고 싶다'로 답합니다. 과거의 휴가와 미래의 휴가 계획이므로 각각 과거 시제와 미래 시제를 사용합니다.

My last vacation was last winter. My family and I went to Sapporo, Japan. Sapporo is famous for its snow festival in February, but we couldn't enjoy the festival because we were there in January. We went to the beer museum and tried some Japanese beer. We also went to an outdoor hot spring. It was an unforgettable experience to enjoy the hot water while feeling cold on my face. For the next vacation, I have no plan yet. However, I want to go camping in the mountain with my family.

> 해설 저의 지난 휴가는 작년 겨울이었습니다. 가족들과 저는 일본 삿포로에 갔습니다. 삿포로는 2월에 있는 눈 축제로 유명합니다. 하지만 저희는 거기에 1월에 갔기에 눈 축제는 즐기지 못했습니다. 저희는 맥주 박물관에 가서 일본 맥주를 맛보았습니다. 또한, 야외 온천을 갔었는데, 얼굴에 찬 기운을 느끼면서 온천을 즐긴 것은 잊지 못할 경험이었습니다. 다음 휴가에 대해서는 아직 계획이 없습니다. 하지만 가족과 함께 산에서 캠핑을 하고 싶습니다.

Last January, I went on vacation with my family in Sapporo. Even though I missed the well-known snow Festival held in February, I enjoyed some Japanese beer at the beer museum and a hot bath at an outdoor hot spring. Especially, the experience of the hot spring while feeling cold on my face was unforgettable. I haven't decided yet where to go for the next vacation, but I am considering going camping in the mountain.

> 해설 작년 1월 가족과 함께 삿포로에서 휴가를 보냈습니다. 2월에 열리는 유명한 눈 축제는 놓쳤지만, 맥주 박물관에서 맥주를 마시고 야외 온천에서 온천을 즐겼습니다. 특히나 얼굴에 찬 기운을 느끼며 한 온천은 잊지 못할 경험이었습니다. 다음 휴가는 어디를 갈지 아직 결정하지 못했지만, 산에서의 캠핑을 고려하고 있습니다.

 Word

- -be famous for : …로 유명한 = be well known for   • hot spring : 온천   • go camping : 캠핑 가다

Q3

What kind of music do you usually listen to?
어떤 종류의 음악을 주로 듣습니까?

가요, 팝송, 클래식 음악 등을 이야기하고 이유를 말합니다. 특별한 이유가 생각나지 않을 때는 '스트레스가 풀린다.'거나 '기분을 전환해 준다.'라고 이야기합니다.

 4급

When I drive, I listen to loud Korean pop music. Otherwise, I am likely to doze off. However, when I work at home, I listen to classical music because I cannot concentrate on working while listening to songs with lyrics.

> **해설** 제가 운전을 할 때에는 시끄러운 가요를 듣습니다. 그렇지 않으면, 전 졸 수도 있습니다. 하지만 집에서 일할 때는 클래식 음악을 듣는데, 왜냐하면 가사가 있는 음악을 들으면서는 일에 집중하지 못하기 때문입니다.

 5급

I choose to listen to different music depending on the situation. When I drive, I listen to loud Korean pop music to not doze off. However, the music I choose to listen to while working at home is classical music because it is not distracting like songs with lyrics so it helps me focus on what I am doing.

> **해설** 저는 다른 상황에 따라 다른 음악을 듣습니다. 제가 운전을 할 때에는 졸지 않기 위해서 시끄러운 가요를 듣습니다. 하지만, 집에서 일할 때 선택하는 음악은 클래식 음악으로, 가사가 있는 노래처럼 방해가 되지 않아 제가 하는 일에 집중할 수 있도록 도와줍니다.

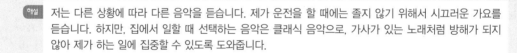

Word

- Korean pop music : 한국 가요 • otherwise : 그렇지 않으면 • doze off : 졸다 • classical music : 클래식 음악
- lyric : 가사 • distracting : 방해가 되는 • concentrate on : ~에 집중하다.

Q4

What kind of movie do you enjoy watching?
어떤 종류의 영화를 즐겨 봅니까?

horror movies, romantic comedy movies, blockbuster movies, action movies 중에서 하나를 말하고 왜 좋아하는지 그리고 가장 좋아하는 영화는 무엇인지 덧붙입니다.

4급

I enjoy animated movies. I like them because I can watch them with my children. My children are 7 and 9, so there are few movies that they can watch. Therefore, I go to watch a movie with them whenever an animated feature flim is available. My favorite animated movie is 'Howls moving castle'.

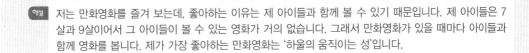

해설 저는 만화영화를 즐겨 보는데, 좋아하는 이유는 제 아이들과 함께 볼 수 있기 때문입니다. 제 아이들은 7살과 9살이어서 그 아이들이 볼 수 있는 영화가 거의 없습니다. 그래서 만화영화가 있을 때마다 아이들과 함께 영화를 봅니다. 제가 가장 좋아하는 만화영화는 '하울의 움직이는 성'입니다.

5급

The movie that I enjoy watching are animated feature films movie because I can watch them with my children who are 7 and 9. There are few g-rated movies nowadays so I bring my children to the movie theater whenever they release an animation movie. My favorite animation film is 'Howls moving castle'.

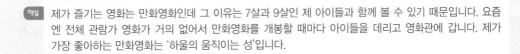

해설 제가 즐기는 영화는 만화영화인데 그 이유는 7살과 9살인 제 아이들과 함께 볼 수 있기 때문입니다. 요즘 엔 전체 관람가 영화가 거의 없어서 만화영화를 개봉할 때마다 아이들을 데리고 영화관에 갑니다. 제가 가장 좋아하는 만화영화는 '하울의 움직이는 성'입니다.

Word

영화 종류를 나타내는 표현들

- g-rated movie : 전체 관람가 영화 ・release : 개봉하다 ・horror movies : 공포 영화
- romantic moives : 멜로영화, 로맨틱 영화 ・comedy movies : 코메디 영화 ・blockbuster movies : 블록버스터 영화
- action movies : 액션 영화 ・animation film / animation movie : 만화영화

Q5

What do you do to keep in shape?
건강을 유지하기 위해서 무엇을 합니까?

건강 관리를 위해서는 운동을 하거나 음식 섭취를 조절할 수 있습니다. 운동을 한다면 어떤 운동을 얼마나 자주 하는지 이야기하고, 음식 섭취를 조절할 경우에도 구체적인 예를 덧붙여줍니다.

I go swimming on weekends to stay in shape. I want to work out every day but I can't find the time to do so. This is because I am very busy during the weekday and I sometimes work overtime. One more thing I do is walking to the subway station after work. In general, I go to the subway station by bus because it takes about 15 minutes on foot.

> **해설** 저는 건강을 유지하기 위해 주말마다 수영을 하러 다닙니다. 매일 운동하고 싶지만 그럴 시간이 없습니다. 왜냐하면 주중에 너무 바쁘고 가끔 야근도 하기 때문입니다. 다른 하나는 퇴근 후에 지하철역까지 걸어가는 것입니다. 보통은 지하철역까지 버스를 타고 갑니다. 왜냐하면 걸어가면 15분이 걸리기 때문입니다.

I usually exercise to stay in shape. I go swimming every weekend but I have no time to exercise during weekdays because of my busy schedule and overtime. The only thing I can do during the weekday is walking to the subway station located about a 15 minute walk away from my office.

> **해설** 저는 건강을 유지하기 위해서 주로 운동을 합니다. 주말에는 수영을 하는데, 주중에는 바쁜 스케줄과 야근 때문에 운동할 시간이 없습니다. 제가 주중에 할 수 있는 유일한 것은 회사에서 15분 떨어져 있는 지하철역까지 걸어가는 것입니다.

 Word

• keep in shape : 건강을 유지하다 • exercise : 운동하다 • overtime : 야근 • 15 minutes walking distance : 걸어서 15분 거리

Q6

How often do you go shopping and where do you go shopping?
얼마나 자주 쇼핑하러 가며 어디에서 쇼핑합니까?

간단한 질문입니다. 빈도와 장소를 물었으니, 어디에서 얼마나 자주 쇼핑하는지 답변합니다.

I go shopping every weekend with my family to a department store near my house.

> **해설** 저는 주말마다 집 근처에 있는 백화점에서 가족과 함께 쇼핑을 합니다.

I go shopping once a week. I usually shop with my family at a department store near my house every Saturday.

> **해설** 저는 일주일에 한 번 쇼핑합니다. 토요일마다 집 근처에 있는 백화점에서 가족과 함께 쇼핑합니다.

Word

• every weekend : 주말마다 • department store : 백화점

빈도를 나타내는 표현들

• every weekend : 주말마다 = on weekends   • once a week/month/year : 일주일에 한 번 / 한 달에 한 번 / 일년에 한 번
• twice a week / month / year : 일주일에 두 번 / 한 달에 두 번 / 일 년에 두 번   • three times a week / month/ year : 일주일에 세 번 /
한 달에 세 번 / 일 년에 세 번

Q7

Do you shop online or in a store?
온라인으로 쇼핑하십니까? 아니면 상점에서 쇼핑하십니까?

이와 같은 질문은 온라인 쇼핑이나 오프라인 쇼핑의 장점을 나열하면 됩니다. 온라인 쇼핑의 장점은 짧은 시간에 많은 물건을 찾아보고 비교할 수 있으니 시간을 절약한다고 말할 수 있고, 오프라인 쇼핑은 물건을 직접 눈으로 확인할 수 있으니 자신이 원하는 물건을 사서 반품이나 환불의 가능성을 줄인다고 말할 수 있습니다.

 4급

I usually shop in a store. Some people say online shopping saves time, but this is not the case for me. Searching for items and comparing their prices online takes more time than shopping in a store. Moreover, I am not certain about the quality and size only by seeing it on a screen. I want to try it on to check the quality and size.

해설 저는 보통은 상점에서 쇼핑을 합니다. 몇몇 사람들은 온라인 쇼핑이 시간을 절약해 준다고 하는데, 제 경우에는 그렇지 않습니다. 온라인상에서 물건을 찾고 그것들의 가격을 비교하는 것이 상점에서 쇼핑을 하는 것보다 시간이 더 걸립니다. 게다가 화면상으로 봐서는 품질이나 사이즈에 대한 확신이 없습니다. 저는 입어서 품질이나 사이즈를 확인하길 원합니다.

 5급

I usually shop in a store. I find online shopping to be time-consuming because searching for items and comparing their prices from site to site requires more time than shopping in a store. Moreover, I even waste extra time when I have to exchange or refund the item because its size or quality wasn't what I expected. That's why I shop in a store.

해설 저는 보통 상점에서 쇼핑을 합니다. 온라인 쇼핑은 시간 낭비라고 생각하는 데 그 이유는 물건을 찾고 가격을 비교하느라 이 사이트 저 사이트를 방문하는 게 상점에서 쇼핑을 하는 것 보다 시간이 더 많이 들기 때문입니다. 게다가 물건의 사이즈나 질이 예상했던 것과 같지 않으면 교환을 하거나 환불을 해야 하기 때문에 또 시간을 낭비하게 됩니다. 제가 상점에서 쇼핑을 하는 이유입니다.

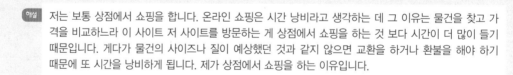 **Word**

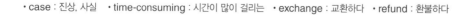

• **case** : 진상, 사실 • **time-consuming** : 시간이 많이 걸리는 • **exchange** : 교환하다 • **refund** : 환불하다

How do you spend your free time when you go on a business trip?
출장을 갔을 때 자유 시간을 어떻게 보내십니까?

출장을 갔을 때의 자유 시간을 묻고 있는데, '여가 시간에 무엇을 합니까?' 또는 '주말에 무엇을 합니까?' 등의 질문에 대한 답변을 응용하면 됩니다. 출장이니 일에 관련된 문장으로 시작하고 뒤에 여행, 독서, 휴식, 기념품 구입 등을 추가합니다.

Let me talk about my free time during business trip. Actually, I don't have much free time when I go on a business trip. I am usually busy meeting people and having a business discussion. However, if I have any free time, I would go to a tourist site near my hotel or take a rest in the hotel. This is about how I spend my free time when I go on business trips.

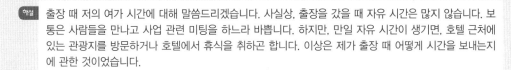

출장 때 저의 여가 시간에 대해 말씀드리겠습니다. 사실상, 출장을 갔을 때 자유 시간은 많지 않습니다. 보통은 사람들을 만나고 사업 관련 미팅을 하느라 바쁩니다. 하지만, 만일 자유 시간이 생기면, 호텔 근처에 있는 관광지를 방문하거나 호텔에서 휴식을 취하곤 합니다. 이상은 제가 출장 때 어떻게 시간을 보내는지에 관한 것이었습니다.

I'll talk about how I spend my free time when I go on business trips. Although I am busy having meetings with business counterparts, I would visit a tourist attraction or take a rest in the hotel when I can find free time.

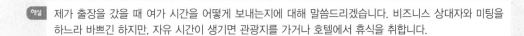

제가 출장을 갔을 때 여가 시간을 어떻게 보내는지에 대해 말씀드리겠습니다. 비즈니스 상대자와 미팅을 하느라 바쁘긴 하지만, 자유 시간이 생기면 관광지를 가거나 호텔에서 휴식을 취합니다.

Word

• go on a business trip : 출장을 가다　• free time : 자유 시간　• tourist attractions : 관광지　• take a rest : 휴식을 취하다
• business counterpart : 비즈니스 상대자

01 개인질문　**25**

1-3 좋아하는 것에 대하여

 문제 유형 소개

음식, 계절, 영화, 음악, 스포츠 등 다양한 주제에 대한 문제가 출제됩니다.
'좋아하는 계절은 무엇인가?'라는 문제나, '겨울과 여름 중에 어떤 계절이 좋
은가?'와 같이 선호를 물어보는 문제 등이 출제됩니다.

 어떻게 답변할까?

단순히 '무엇을 좋아하느냐?'는 문제에 대해서 '무엇을 좋아한다.'고 단답형
으로 답변을 끝내기보다는 뒤에 좋아하는 이유를 덧붙여줍니다. 또한, 선호를
묻는 질문에 대해서도, 제시된 두 개 중에 선호하는 것을 말하고 이유를 함께
말합니다. 선호 문제에 있어서 자신이 좋아하는 것을 사실대로 말할 필요는
없고 이유를 말하기 쉬운 쪽을 선택하는 것이 좋습니다.

Q1

What is your favorite food?
가장 좋아하는 음식이 무엇입니까?

평소에 좋아하는 음식을 말하고 그 이유를 덧붙이면 됩니다. 좋아하는 음식이 김치찌개나 불고기일 경우에 굳이 kimchi stew나 Korean BBQ 등으로 고칠 필요 없이 그냥 '김치찌개' 또는 '불고기'라고 해도 상관없습니다.

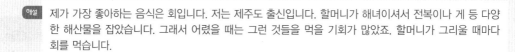

4급

My favorite dish is raw fish. I am from Jeju Island. My grandmother was a female diver and she dug up various seafood such as abalones and crabs. Therefore, when I was young, I had lots of chances to enjoy them. Whenever I miss my grandmother, I eat raw fish.

> 해설 제가 가장 좋아하는 음식은 회입니다. 저는 제주도 출신입니다. 할머니가 해녀이셔서 전복이나 게 등 다양한 해산물을 잡았습니다. 그래서 어렸을 때는 그런 것들을 먹을 기회가 많았죠. 할머니가 그리울 때마다 회를 먹습니다.

5급

The dish I like best is raw fish. Some might think that this is not special saying all the raw fish tastes the same. However, I am from Jeju Island and raw fish that I enjoyed there was special because my grandmother, a female diver, dug then up from the sea. Since I moved to Seoul, I eat raw fish whenever I miss my grandmother.

> 해설 제가 가장 좋아하는 음식은 회입니다. 어떤 이는 모든 회가 맛이 똑같다고 말하면서 특별할 게 없다고 생각할지 모릅니다. 하지만 전 제주 출신이고 제가 거기에서 먹은 회는 특별했는데 왜냐하면 해녀이셨던 할머니가 바다에서 잡아 온 것이었기 때문입니다. 제가 서울로 이사한 후에 할머니가 보고 싶을 때마다 회를 먹곤 합니다.

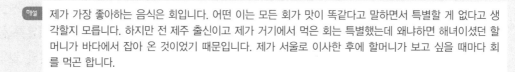

Word

• raw fish : 회   • abalone : 전복   • female diver : 해녀

Q2

Which do you prefer, fast food or traditional food?
패스트푸드와 전통 음식 중에 어느 것을 더 좋아합니까?

패스트푸드는 빨리 먹을 수 있지만 칼로리가 높고, 전통 음식은 건강에 좋지만 요리하거나 외식을 할 때 시간이 오래 걸립니다. 둘 중에 하나를 선택하고 장점을 덧붙입니다.

I prefer fast food. This is because I can finish a meal quickly. For example, when I order a hamburger in a fast food restaurant, I don't need to wait for long. It is served as soon as it is ordered. Moreover, when I am busy at work, I can have a hamburger while working. That's why I prefer fast food.

> 해설 저는 패스트푸드를 더 좋아합니다. 그 이유는 빨리 식사를 마칠 수 있기 때문입니다. 예를 들어서 제가 패스트푸드점에서 햄버거를 주문하면, 저는 오래 기다릴 필요가 없습니다. 주문하자마자 음식이 제공됩니다. 게다가 제가 직장에서 바쁠 때는, 일을 하면서 햄버거를 먹을 수 있습니다. 이런 이유 때문에 저는 패스트푸드가 더 좋습니다.

I prefer fast food because it is ready as soon as it is ordered so I can finish a meal quickly from a fast food restaurant. Moreover, for people on a tight schedule fast food is much more convenient because they can work while having their meal at their desks.

> 해설 저는 패스트푸드를 선호하는데 이는 제가 주문하자마자 준비가 되서 식사를 빨리 끝마칠 수 있기 때문입니다. 나아가, 바쁜 스케줄을 소화해야 하는 사람들은 자기 자리에서 식사를 하면서 일할 수 있기 때문에 패스트푸드가 보다 편리합니다.

Word

• meal : 한 끼 식사 • serve : 음식을 내다

Q3

What's your favorite season?
가장 좋아하는 계절은 무엇입니까?

봄은 날씨가 좋고, 꽃구경을 하러 갈 수 있습니다. 여름에는 덥지만, 수중 스포츠를 즐길 수 있습니다. 가을은 덥지도 않고 춥지도 않고 단풍을 즐길 수 있습니다. 겨울은 춥지만 겨울 스포츠를 즐길 수 있습니다. 이를 고려해서 좋아하는 계절을 말하고, 날씨의 특징 그리고 좋아하는 이유를 덧붙입니다.

My favorite season is fall because the weather is beautiful. It is not that cold or hot, so I can enjoy outdoor activities such as camping and hiking. One more thing that I like about this season is the colorful leaves. I sometimes go hiking to see beautiful autumn leaves.

> **해설** 제가 가장 좋아하는 계절은 가을인데, 날씨가 화창하기 때문입니다. 그렇게 춥지도, 덥지도 않기 때문에 캠핑과 등산 같은 야외 활동을 즐길 수 있습니다. 가을의 좋은 점 중 또 한 가지는 단풍입니다. 저는 때때로 아름다운 단풍을 보기 위해 등산을 갑니다.

The season that I like best is fall in which the weather is beautiful. That is, it's neither cold nor hot. It is a perfect season for me to enjoy outdoor activities such as camping and hiking. Another reason why I like this season is because I can see the autumn leaves. I sometimes go hiking to see autumn leaves that are beautiful.

> **해설** 제가 가장 좋아하는 계절은 날씨가 매우 아름다운 가을입니다. 춥지도 덥지도 않습니다. 캠핑이나 하이킹과 같은 야외 활동을 즐기기에 완벽한 계절입니다. 제가 이 계절을 좋아하는 또 다른 이유는 단풍을 볼 수 있기 때문입니다. 때때로 아름다운 단풍을 보기 위해 등산을 갑니다.

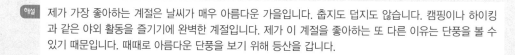

Word

• season : 계절   • spring : 봄   • summer : 여름   • fall/autumn : 가을   • winter : 겨울
• weather : 날씨   • autumn leaves : 단풍

Q4

What's your favorite winter sport?
가장 좋아하는 겨울 스포츠는 무엇입니까?

비교적 쉬운 질문입니다. 생각나는 겨울 스포츠 중 하나를 말하면 됩니다. 만약, 겨울 스포츠를 즐기지 않는다면 '겨울 스포츠를 좋아하지 않는다.'라고 말하고 뒤에 이유를 덧붙이거나, 겨울 스포츠를 좋아하지 않는 대신 여름에 즐길 수 있는 스포츠가 좋다고 해도 좋습니다.

 4급

I like skiing. I like to go skiing because I can relieve stress when I run down the slope. I usually enjoy skiing at a ski resort near Seoul during the Christmas holiday every year.

해설 저는 스키를 좋아합니다. 스키를 좋아하는 이유는 슬로프를 타고 내려올 때 스트레스가 풀리기 때문입니다. 보통은 매년 크리스마스 휴가 동안 서울 근처에 있는 스키 리조트에서 스키를 즐깁니다.

 5급

The winter sport that I like best is skiing because running down the slope helps me relieve stress. That's why I enjoy skiing at a ski resort near Seoul during the Christmas holiday every year.

해설 제가 가장 좋아하는 겨울 스포츠는 스키인데, 그 이유는 슬로프를 타고 내려올 때 스트레스가 풀리기 때문입니다. 이 때문에 저는 매년 크리스마스 휴가 동안 서울 근처에 있는 스키 리조트에서 스키를 즐깁니다.

Word

• favorite : 가장 좋아하는   • relieve stress : 스트레스를 풀다   • enjoy skiing : 스키를 즐기다   • ski resort : 스키 리조트

Q5

Which do you prefer, indoor activities or outdoor activities?
실내 활동과 야외 활동 중에 어느 것을 더 좋아합니까?

실내 활동은 실내에서 즐길 수 있는 배구, 농구, 수영 등의 스포츠이며, 야외 활동은 축구, 스키, 아이스 스케이팅, 등산 등이며, 이 중에서 익숙한 활동을 이야기합니다.

I prefer indoor activities because I can enjoy them in the cold winter. In particular, I like swimming and table tennis. I swim for one hour every morning and I play table tennis with my family on the weekend. If I played outdoor sports such as soccer or jogging, I could not enjoy then during the cold winter.

해설 저는 실내 활동을 더 좋아하는데, 왜냐하면 추운 겨울에 즐길 수 있기 때문입니다. 특히, 저는 수영과 탁구를 좋아합니다. 매일 아침 한 시간씩 수영을 하고, 주말엔 가족과 함께 탁구를 칩니다. 만일 제가 축구나 조깅과 같은 야외 스포츠를 즐겼다면, 저는 추운 겨울엔 그것들을 즐기지 못했을 겁니다.

I prefer indoor activities Swimming and table tennis are what I enjoy most because I can enjoy them regardless of weather. Outdoor activities such as soccer and jogging are not enjoyable on a cold winter day.

해설 저는 실내 활동을 더 좋아하며, 수영과 탁구는 제가 가장 잘 즐기는 실내 활동입니다. 왜냐하면 날씨와 상관없이 즐길 수 있기 때문입니다. 축구와 조깅과 같은 실외 활동은 추운 겨울엔 즐기기에 좋지 않습니다.

Word

• indoor activity : 실내 활동   • outdoor activity : 실외 활동   • regardless of : 상관없이

Do you enjoy watching a movie?
영화 보는 것을 즐깁니까?

Yes나 No로 간단하게 답변할 수 있는 문제입니다. 즐긴다면 즐기는 이유, 또는 좋아하는 영화 종류를 덧붙이고, 좋아하지 않으면 그 이유를 이야기합니다.

 4급

Yes, I like movies. I go to see a movie once a month.

해설 네, 저는 영화를 좋아합니다. 한 달에 한 번 영화를 보러 갑니다.

 5급

Yes, I like movies. I go to see a movie once a month. Some people download movies on their computer and enjoy them at home, but I prefer watching a movie on the big screen in a movie theater.

해설 네, 저는 영화를 좋아합니다. 한 달에 한 번 영화를 보러 갑니다. 어떤 사람들은 컴퓨터에 영화를 다운로드 해서 집에서 보는데, 저는 영화관의 큰 스크린으로 영화 보는 것을 더 좋아합니다.

Word

• -download : 다운로드 하다   • prefer : …하는 것을 더 좋아하다

Q7

Which do you prefer, downloading and watching a movie at home, or going to a movie theater?
집에서 영화를 다운로드하여 보는 것과 영화관에 가는 것 중에 무엇을 더 좋아합니까?

영화를 다운 받아 볼 때의 장점은 시간과 돈을 절약하는 것이고, 영화관에서 영화를 볼 때의 장점은 큰 스크린과 음향 시설 때문에 영화를 더 잘 즐길 수 있다는 것입니다. 둘 중 하나를 선택하고 장점을 말합니다.

I prefer downloading and watching a movie at home. I like it because I can save money and time. When I watch a movie at home, I can save the time and money spent on traveling to a movie theater. Furthermore, I can better concentrate on the movie. Some people talk on the phone or go to the bathroom in the middle of the film at the movie theater. However, there is no such a distraction when I watch a movie at home.

> 해설 저는 집에서 영화를 다운 받아 보는 걸 더 좋아합니다. 돈과 시간을 절약할 수 있어서 좋습니다. 집에서 영화를 보면 영화관에 가는 데 쓰이는 시간과 돈을 절약할 수 있습니다. 나아가, 영화에 더 잘 집중할 수 있습니다. 때때로 영화 중간에 전화를 받거나 화장실에 가는 사람들이 영화관에 있습니다. 하지만, 집에서 영화를 볼 때는 그러한 방해가 없습니다.

I prefer downloading and watching a movie at home because I can save money and time spent on traveling to a movie theater. Moreover, it is a better way to concentrate on the movie because there is no distraction such as people talking on the phone or going to the bathroom in the middle of the film. This is why I prefer watching a movie downloaded from the Internet at home.

> 해설 저는 집에서 영화를 다운로드하여 보는 걸 좋아합니다. 왜냐하면 영화관에 가는 데 쓰는 돈과 시간을 절약할 수 있기 때문입니다. 게다가, 그것은 영화에 집중하기에 더 나은 방법인데, 영화 중간에 전화 통화를 하거나 화장실에 가는 사람과 같은 방해물이 없기 때문입니다. 이러한 이유로 저는 인터넷에서 다운로드하는 영화를 집에서 보는 것을 좋아합니다.

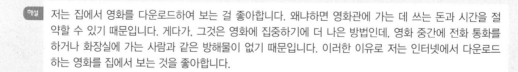

Word

• -download a movie : 영화를 다운받다   • save money and time : 돈과 시간을 절약하다   • furthermore : 게다가
• concentrate on : …에 집중하다   • distraction : 방해

Q8

Do you enjoy shopping? With whom do you go shopping?
쇼핑을 좋아하십니까? 누구와 함께 쇼핑합니까?

쇼핑에 관한 문제입니다. 쇼핑을 좋아한다면 주로 누구와 쇼핑을 하는지 말하고, 좋아하지 않는다면 '패션에 관심이 없다.'는 등의 이유를 덧붙입니다.

Yes, I enjoy shopping. When I go grocery shopping, I go by myself. I list the items to buy before shopping and I just buy the stuff on the list then go back home. However, when I go to buy clothes or shoes, I go shopping with my friend. I look around the shops and try on some items and exchange opinions with my friend. It takes a lot of time, so I need a friend.

> **해설** 네, 저는 쇼핑을 즐깁니다. 제가 식료품을 사러 갈 때는 혼자 갑니다. 쇼핑 전에 사야 할 품목을 적고, 그 물건만 사서 집으로 돌아옵니다. 하지만, 옷이나 신발을 사러 갈 때는 친구와 함께 갑니다. 상점을 둘러보고 물건을 입어보고 친구와 의견 교환도 합니다. 시간이 오래 걸리기 때문에 같이 할 친구가 필요합니다.

Yes, I enjoy shopping and whether I go shopping alone or with someone depends on what I shop. When I go grocery shopping, I go to a grocery store by myself and buy items that I list before shopping then return home. However, when I go shopping for clothes and shoes I need company that will look around together and help me with purchasing decisions.

> **해설** 네, 저는 쇼핑을 즐깁니다. 그리고 혼자 쇼핑을 할지 누군가와 함께 쇼핑을 할지는 제가 무엇을 사느냐에 달려 있습니다. 식료품을 쇼핑할 때에는 혼자 식료품점에 가서 쇼핑 전에 작성한 목록에 있는 물품만 사서 집으로 옵니다. 하지만 옷과 신발 쇼핑을 하러 갈 때는 같이 둘러보고 구매 결정을 도와줄 동행이 필요합니다.

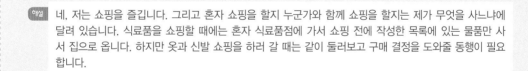

Word

• grocery shopping : 식료품 쇼핑   • item : 품목, 물건   • list : 목록을 작성하다 / 목록   • clothes : 옷   • company : 동행
• look around : 둘러보다   • exchange opinions : 의견을 교환하다

Q9

Which do you prefer, spending your free time alone or with other people?
여가를 홀로 보내는 것과 다른 사람과 함께 보내는 것 중 무엇을 더 좋아합니까?

이 질문은 여가 시간을 어떻게 보내는지에 대한 답변과 같이 구성합니다. 다만 앞에 홀로 시간을 보내는 게 좋은지 혹은 다른 사람과 보내는 게 더 좋은지를 덧붙이면 됩니다.

I prefer to spend free time alone. This is because I work at a customer service team, and always have to deal with customers. I am talking to people all the time. Therefore, I want to spend my free time alone. I sometimes go to a movie theater or a karaoke bar alone during my free time. I can relieve stress by doing this all alone and gain energy to work hard at work.

해설 저는 홀로 여가 시간을 보내는 것을 더 좋아합니다. 그 이유는 제가 고객 서비스 팀에서 일하기에 항상 고객을 대하기 때문입니다. 저는 항상 사람들에게 이야기를 합니다. 따라서 여가 시간은 홀로 보내고 싶습니다. 여가 시간 동안 혼자 영화를 보거나 노래방에 갑니다. 이렇게 혼자 있음으로써 스트레스를 풀고, 다시 회사에서 더 열심히 일할 힘을 얻습니다.

I prefer to spend my free time alone. This is because as a customer service representative, I am dealing with customer all the time. As such I want to spend my time alone watching a movie or singing in a karaoke bar. This is the best way to relieve stress and gain energy to work hard in the office.

해설 저는 여가 시간을 홀로 보내는 것을 더 좋아합니다. 그 이유는 고객 서비스 센터 직원으로서 저는 항상 고객을 응대하기 때문에 여가 시간은 홀로 영화를 보거나 노래방에서 노래를 부르며 지내고 싶습니다. 이것이 스트레스를 풀고 회사에서 열심히 일할 수 있는 에너지를 얻는 최상의 방법입니다.

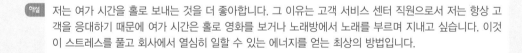

Word

• customer service : 고객 서비스   • deal with : 처리하다   • karaoke bar : 노래방   • representative : 담당자

Q10

Which vacation do you prefer, a relaxing vacation on the beach or an exciting one in a city?

바닷가에서 휴식을 취하는 휴가와 도시에서의 신나는 휴가 중 어떤 것이 더 좋습니까?

해변에서 선탠을 하거나 휴식을 취하는 휴식, 또는 도시에서 박물관, 유명한 식당 등을 찾아다니는 휴가 중 자신이 좋아하는 것을 이야기합니다.

I prefer an exciting one in the city. First, I don't like water sports so if I go to the beach, I will be bored. I like to walk and look around on my travels. Actually, I enjoy wandering about while traveling. Then, I may find a good restaurant or meet and talk with local people.

> **해설** 저는 도시에서의 신나는 휴가를 좋아합니다. 우선, 저는 수상 스포츠를 좋아하지 않아서 만일 해변을 가게 되다면 지루할 것 같습니다. 저는 여행하는 중에 주변을 걸으며 둘러보는 것을 좋아합니다. 사실, 여행하는 중에 헤매는 것을 즐깁니다. 그러면, 우연히 좋은 식당도 발견하게 되고 여행지에 사는 사람들을 만나 이야기도 나눌 수 있습니다.

The vacation that I prefer is an exciting one in the city because I prefer wandering around and finding nice sport rather than tanning on the beach. I find it really exciting to happen upon a restaurant that only local people know about and talking with them there.

> **해설** 제가 더 선호하는 휴가는 도시에서의 신나는 휴가인데 왜냐하면 주변을 걸으며 멋진 장소를 발견하는 것이 해변에서 선탠을 하는 것보다 더 좋기 때문입니다. 나는 여행지에 사는 사람만이 아는 식당을 발견하고 거기에서 그들과 함께 이야기하는 것이 정말 신나는 일이라 생각합니다.

Word

• wander : 길을 헤매다 • tanning : 선탠

1-4 특별한 날의 이벤트 및 경험에 대하여

문제 유형 소개

생일이나 설날 또는 추석과 같은 휴일에 관련된 문제 또는 여행 등의 경험을 묻는 문제가 출제됩니다.

어떻게 답변할까?

이벤트를 묘사하는 문제에는 이벤트를 떠올리고 특징적인 것을 중심으로 묘사합니다. 추석과 설날 같은 이벤트는 차례와 같은 전통 관습이 포함되어 있고, 이를 위한 영어 표현을 외워서 대비합니다. 또한 과거의 경험은 과거의 일이므로 과거 시제를 사용합니다.

Q1

Describe your last birthday.
지난 생일을 묘사해 보세요.

특정한 날을 묘사하는 문제입니다. 그날 한 일을 나열해도 좋고, 가장 기억에 남는 순간을 자세하게 묘사해도 좋습니다. 'last birthday(지난 생일)'이므로 과거 시제를 씁니다.

4급

Let me describe my last birthday. I had a birthday party with my family. We ate out at a fancy French restaurant. We had steak and it tasted amazing. I got some gifts from my family. My wife gave me a wool muffler and my sons prepared gloves. I really liked them. I was very happy because I could celebrate my birthday with my family.

> **해설** 제 지난 생일을 묘사해 보겠습니다. 저는 가족과 함께 생일 파티를 했습니다. 멋진 프랑스 식당에서 외식을 했습니다. 스테이크를 먹었는데 맛이 매우 좋았습니다. 저는 가족들로부터 선물을 받았습니다. 아내는 제게 울 머플러를 주었고, 아들들은 장갑을 준비했습니다. 정말 마음에 들었습니다. 가족들과 함께 생일 축하를 해서 정말 기뻤습니다.

5급

Let me describe my last birthday. I celebrated it with my family at a fancy French restaurant, where I ordered steak that tasted amazing. I received a wool muffler from my wife and gloves from my sons as birthday presents. It was a really delightful birthday party.

> **해설** 저의 지난 생일을 묘사해 보겠습니다. 저는 가족과 함께 멋진 프랑스 식당에서 생일 축하를 했으며, 식당에서 맛있는 스테이크를 주문했습니다. 저는 아내로부터 울 머플러를 아들들로부터 장갑을 선물 받았습니다. 정말 즐거운 생일 파티였습니다.

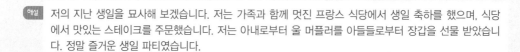

Word

- have a birthday party : 생일 파티를 갖다 /throw a party or held a party : 파티를 열다
- a fancy French restaurant : 멋진 프랑스 식당   • taste amazing : 맛이 훌륭하다
- gift /present : 선물   • celebrate : 축하하다

Q2

How do you celebrate New Year's Day?
어떻게 설날을 보내나요?

출제 빈도가 높은 문제입니다. 한복, 세배, 차례 등을 이야기하는데, 이를 나타내는 표현은 미리 외워둡니다.

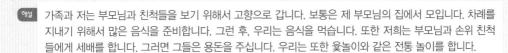

My family and I go to my hometown to see my parents and relatives. We usually get together at my parents' home. We prepare a lot of food for the ancestral rites. Then, we eat the food. We also bow to parents and elder relatives. Then, they give us some pocket money. We also play traditional games like 윷놀이(Yunnori).

> **해설** 가족과 저는 부모님과 친척들을 보기 위해서 고향으로 갑니다. 보통은 제 부모님의 집에서 모입니다. 차례를 지내기 위해서 많은 음식을 준비합니다. 그런 후, 우리는 음식을 먹습니다. 또한 저희는 부모님과 손위 친척들에게 세배를 합니다. 그러면 그들은 용돈을 주십니다. 우리는 또한 윷놀이와 같은 전통 놀이를 합니다.

My family and relatives get together at my parents' house in Incheon which is also my hometown. We all wear Korean traditional clothes called Hanbok and cook various dishes for the ancestral rites. After the memorial ceremony, we share the food then bow to our parents and other elderly relatives. We also enjoy traditional games such as Yunnori.

> **해설** 가족과 친척들이 제 고향인 인천에 계신 부모님 댁에 모입니다. 모두 한복이라 불리는 한국의 전통 복장을 입고 차례를 위한 다양한 음식을 준비합니다. 제사를 지낸 후, 음식을 나눠 먹고 부모님과 손위 친척들에게 세배를 합니다. 또한 윷놀이와 같은 전통놀이를 즐기기도 합니다.

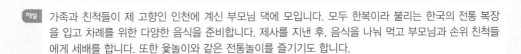

Word

- celebrate : 기념하다, 축하하다   • hometown : 고향   • get together : 모이다   • prepare : 준비하다
- hold a memorial service to ancestors : 차례를 지내다   • bow : 절하다   • conduct ancestral rites : 차례를 지내다

Q3

Describe one of the best countries you have been to.
방문했던 나라 중에 가장 좋았던 나라를 묘사해 보세요.

가장 기억에 남는 나라에 대해 묘사해도 좋고, 익숙해서 묘사하기 좋은 나라를 말해도 좋습니다. 우선, '방문했던 나라 중에 가장 좋았던 나라가 어디다.'라는 문장으로 시작해서, 왜 그랬는지 이유를 말합니다. 방문한 도시나 그곳에서 했던 일 등을 포함해도 좋습니다.

Australia was the best country that I have been to. It was a big and beautiful country. I travelled to several cities like Sydney and Melbourne. The Opera house in Sydney was fantastic. Beaches in Melbourne were clean and quiet. I would like to go there again.

> **해설** 제가 가 본 나라 중에 호주가 가장 좋았습니다. 호주는 크고 아름다운 나라였습니다. 저는 시드니와 멜버른과 같은 도시들을 여행했습니다. 시드니의 오페라 하우스는 멋졌습니다. 멜버른의 해변들은 깨끗하고 조용했습니다. 다시 호주를 방문하고 싶습니다.

The best country that I have been to was Australia. Among several cities that I travelled to this big and beautiful country, Sydney and Melbourne were impressive. The Opera house in Sydney and the clean and quiet beaches in Melbourne were fantastic. I would like to revisit the country sometime soon.

> **해설** 제가 가 본 나라 중에 가장 최고는 호주였습니다. 이 크고 아름다운 나라에서 제가 여행한 몇몇 도시 중에서도 시드니와 멜버른이 인상적이었습니다. 시드니의 오페라 하우스와 멜버른의 깨끗하고 조용한 해변은 환상적이었습니다. 곧 다시 호주를 방문하고 싶습니다.

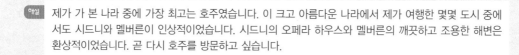

Word

• several : 몇몇의   • fantastic : 환상적인   • clean and quiet : 깨끗하고 조용한

Q4

Tell me about your most memorable experience in your childhood.

어린 시절 가장 기억에 남는 경험에 대해 말해 주십시오.

어린 시절 하면 떠오르는 장면을 묘사한다고 생각하면 됩니다. 만일 특별하게 기억에 남는 경험이 없다면, 일상적인 장면 즉, 친구와 어떤 놀이를 주로 했는지, 가족들과 주로 무엇을 했는지를 생각하고 그중에 하나를 묘사합니다.

When I was a little boy, I lived in a house with a big backyard. In summer, my mother would make a pool there. I enjoyed swimming and splashing in this pool with my brother and sister. I still remember those days and when I meet my sister and brother, we share this memory.

해설 제가 어린 소년이었을 적에, 저는 큰 마당이 있는 집에 살았습니다. 여름에는 어머니가 그 마당에 수영장을 만들어주곤 했습니다. 저는 이 수영장에서 오빠와 언니와 함께 수영을 하거나 물장난을 즐겼습니다. 아직 그때를 기억하고 있고, 오빠와 언니를 만나면 이 추억을 함께합니다.

The most memorable experience in my childhood was playing with my siblings in the pool in the backyard. I lived in a house with a backyard where my mother would build a small pool in summer. I would wait for my brother and sister to come back home from school and when they got home we enjoyed swimming and splashing in the pool. This is the best memory that I share with my siblings.

해설 어린 시절의 가장 기억에 남는 경험은 마당에 있던 수영장에서 형제자매와 함께 논겁니다. 저는 마당 있는 집에 살았었는데, 엄마가 여름에 작은 수영장을 만들어주곤 했습니다. 저는 오빠와 언니가 학교에서 돌아오길 기다렸다가 그들이 집에 오면 같이 수영을 하거나 물장난을 즐겼습니다. 이것이 내가 형제자매와 함께 나누는 최고의 추억입니다.

Word

• splash : 물을 첨벙거리다   • sibling : 형제 자매

Q5

Have you ever traveled by yourself?
혼자 여행해 본 적이 있습니까?

혼자 여행해 본 적이 있냐는 질문이지만, 최근의 휴가나, 가장 기억에 남는 여행 등을 묻는 질문과 같다고 보면 됩니다. 간단히 혼자 여행해 본 적이 없다고 답변해도 되고, 휴가나 여행에 대한 답변 앞에 혼자 여행하게 된 사연을 덧붙이거나, 원래 혼자 하는 여행을 즐긴다는 말을 붙인 후 여행지에서 한 일을 덧붙이면 됩니다.

Yes, I have. I went to Busan by myself a few years ago. Actually, I planned to go there with my best friend but she had no choice but to cancel it in the last minute because something urgent happened at her office. I was thinking of cancelling it because I was not certain if I could travel alone. Anyway, I spent three days there. I took a city tour bus and looked around the city. I also ate seafood in the fish market. It was a really wonderful experience.

> 해설 네. 있습니다. 몇 년 전에 부산에 혼자 갔습니다. 사실은 가장 친한 친구와 같이 갈 계획이었지만, 그녀 사무실에 급한 일이 생겨서 마지막에 취소해야만 했습니다. 저도 취소하려고 생각했는데, 왜냐하면 혼자서 여행을 할 수 있을지 확신이 없었기 때문입니다. 아무튼, 전 부산에서 3일을 보냈습니다. 도시 관광버스를 타고 부산을 둘러보았습니다. 수산 시장에서 해산물도 먹었습니다. 정말 멋진 경험이었습니다.

Yes, I have. A planned trip to Busan a few years was almost canceled because the friend that I was supposed to go with couldn't make it an urgent situation at her office. I was reluctant to go to Busan without her at first, but I left alone and spent due to three days looking around the city. I took the city tour bus and enjoyed seafood in the fish market.

> 해설 네. 있습니다. 몇 년 전에 계획된 부산 여행에 같이 가기로 한 친구가 사무실에 급한 일이 생겨서 가지 못하게 되자 거의 취소될 뻔했습니다. 처음엔 친구 없이 혼자 가는 게 꺼려졌지만, 혼자 떠나 그곳에서 3일을 지내며 도시 관광버스를 타고 부산을 둘러보고 수산 시장에서 해산물도 먹었습니다.

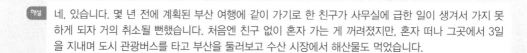

Word

• urgent : 급한   • have no choice but to : ⋯할 수 밖에 없다   • cancel : 취소하다   • be supposed to : ⋯하기로 되어 있다

1-5 일에 대하여

 문제 유형 소개

일에 관련된 질문으로 직장에서의 하루, 스트레스 관리, 은퇴 후의 계획 등 다양한 문제가 출제됩니다.

 어떻게 답변할까?

업무에 관련된 질문에 대한 답변을 위해서는 자신이 일하고 있는 분야에서 쓰이는 용어들을 숙지합니다. 사무실 묘사나 직장에서의 하루는 장소나 시간의 흐름에 따른 자신의 행동을 떠올리며 답변하고, 스트레스 및 시간 관리와 같은 경우에는 '어떻게 관리하며 그 이유는 무엇이다.'와 같이 논리 정연하게 답변합니다.

Q1

Describe your office.
당신의 사무실을 묘사해 보세요.

매일 많은 시간을 보내는 익숙한 장소를 묘사하는 문제입니다. 이런 문제를 마주하게 되면 머릿속으로 사무실을 그리게 될 것입니다. 우선 큰 공간에서 작은 공간으로 이동하면서 차근차근 설명하면 편합니다. 사무실이 있는 건물의 위치를 먼저 설명하고, 건물을 설명한 다음 사무실을 설명하는 순으로 답변합니다.

I work for H Engineering. My company is located near Anguk subway station. It is a 12-story building and my office is on the 7th floor. My office is an open plan office and it is very spacious. More than 50 employees are working on the same floor. There are lots of desks, chairs and computers. There are also a couple of meeting rooms. It is a little bit noisy but it has a great view. I can see the park which is next to my company.

해설 저는 H 엔지니어링에 다니고 있습니다. 회사는 지하철 안국역 근처에 있습니다. 회사는 12층 건물이고 제 사무실은 7층에 있습니다. 사무실은 칸막이가 없고, 매우 넓습니다. 50명 이상의 직원이 같은 층에서 근무하고 있습니다. 많은 책상과 의자 그리고 컴퓨터가 있습니다. 또한 2개의 미팅룸이 있습니다. 조금 시끄럽지만 전망은 좋습니다. 회사 옆에 있는 공원을 볼 수 있습니다.

My company, H Engineering is located on the 7th floor in a 12-story building near Anguk subway station. In this open plan office with two meeting rooms, there are lots of office supplies such as desks, chairs, and computers. It is a little bit noisy because more than 50 employees are working on the same floor. However, it has a great view so I can took out to a beautiful park from my office.

해설 제 회사, H 엔지니어링은 안국역 근처에 있는 12층짜리 건물 7층에 있습니다. 두 개의 회의실을 갖춘 이 칸막이 없는 사무실에는 책상, 의자 및 컴퓨터와 같은 사무실용품이 많습니다. 50명 이상의 직원이 같은 층에서 일하고 있기 때문에 조금 시끄럽습니다. 좋은 전망을 가지고 있어 사무실에서 아름다운 공원을 볼 수 있습니다.

Word

• work for : 일하다/근무하다   • is located near : 근처에 위치해 있다.   • a 12-story building : 12층 짜리 건물 / 건물 밖에서 층수를 나타낼 때에는 story를 씁니다.   • on the 7th floor : 7층에 있는 / 건물 안에서의 층은 floor를 씁니다.   • an open plan office : 칸막이가 없는 사무실   • spacious : 공간이 넓은   • noisy : 시끄러운   • have a great view : 전망이 좋다   • office supplies : 사무용품

Q2

How many hours do you usually work a day?
하루에 몇 시간 동안 일합니까?

이 문제에 대한 대답은 '오전 몇 시부터 오후 몇 시까지 일해서 총 몇 시간을 일한다'라고 답변합니다.

I work from 9 a.m. to 6 p.m. I have an-houring long lunch time at noon. Therefore, I work for 8 hours a day.

해설 저는 오전 9시부터 오후 6시까지 일합니다. 정오에 한 시간 점심시간이 있습니다. 따라서 저는 하루에 8 시간 동안 일합니다.

My working hours are from 9 a.m. to 6 p.m. including an one-hour lunch back at noon, so I work for 8 hours a day.

해설 제 근무시간은 정오에 있는 한 시간 점심시간을 포함하며 오전 9시부터 오후 6시입니다. 따라서 저는 하루에 8시간 동안 일합니다.

Word

Q3

How do you usually go to work in the morning?
아침에 보통 어떻게 회사에 가십니까?

이 문제에서 how/어떻게는 '어떤 교통수단을 이용해서'의 의미입니다. 시작은 '어떤 교통수단을 이용해서 일하러 간다'로 시작하고, 역의 위치, 걸리는 시간 등의 자세한 설명을 덧붙입니다.

 4급

I go to work by subway every morning. There is a subway station near my apartment building. It takes only 10 minutes. I usually leave home around at 7 and take the subway at 7:15. It takes an hour to get to work. I arrive at around 8:15. This is about how I usually commute to my office in the morning.

> **해설** 매일 아침 저는 지하철을 탑니다. 제가 사는 아파트 옆에 지하철역이 있습니다. 약 10분 정도 걸립니다. 저는 보통 7시에 집을 나서서 7시 15분에 지하철을 탑니다. 회사까지는 한 시간이 걸립니다. 저는 8시 15분 경에 도착합니다. 이것이 제가 평소 아침에 사무실로 통근하는 방식입니다.

 5급

The mode of transportation I use to commute to work is the subway. The nearest subway station from my apartment building is 10 minutes away. It takes about one hour for me to get to work from there. I leave home at around 7 and get to the office at around 8:15.

> **해설** 제가 통근하기 위해 이용하는 교통수단은 지하철입니다. 저의 아파트 건물에서 가장 가까운 지하철역은 10분 떨어져 있습니다. 회사에 가는 데에는 1시간 정도 걸립니다. 집에서 약 7시에 출발해서 회사에는 약 8시 15분에 도착합니다.

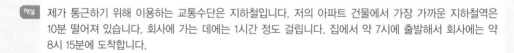

Word

· commute : 통근하다   · go to work : 일하러 가다   · by subway : 지하철을 타고 cf) by bus : 버스를 타고, by car : 차를 타고
· subway station : 지하철역   · it takes 시간 : (얼마의) 시간이 걸리다   · leave home : 집을 나서다   · arrive : 도착하다

Q4

Tell me about your plan after retirement.
은퇴 후의 계획에 대해 말씀 해 보세요.

은퇴 후의 계획은 직장인이라면 한 번쯤은 생각해 보았던 문제일 것입니다. 구체적인 계획이 아니더라도 그 생각했던 바를 이야기하면 됩니다. 미래이기 때문에 미래 시제 'I will~'을 사용하거나, 무엇을 하고 싶다 'I want to/I would like to' 등의 표현을 사용합니다.

4급

Let me tell you about my plan after retirement. When I am retired, I will travel with my wife. I have been working hard and my wife has sacrificed herself for her family. Therefore, I want to do something special for myself and my wife. I would like to have a good time with her travelling to a few countries.

> **해설** 저의 은퇴 후의 계획을 말씀드리겠습니다. 제가 은퇴를 하면 저의 아내와 함께 여행을 할 것입니다. 저는 열심히 일했고, 제 아내도 가족을 위해 희생해 왔습니다. 그래서, 제 자신과 제 아내를 위해서 뭔가 특별한 것을 해주고 싶습니다. 저는 아내와 몇몇 국가를 여행하면서 즐거운 시간을 보내고 싶습니다.

5급

My retirement plan is travelling around the world with my wife. This is something special that I have long planned for my wife, who has been sacrificing herself for her family. We would like to enjoy ourselves by travelling to many countries.

> **해설** 제 은퇴 계획은 아내와 함께 세계 일주를 하는 것입니다. 이것은 제가 가족을 위해 희생해 온 제 아내를 위해 오랫동안 계획해 온 것입니다. 저희는 여행을 하며 즐겁게 지내고 싶습니다.

Word

- **When I am retired** : 내가 은퇴했을 때   • **I have been working** : 계속해서 쭉 일해 오고 있다
- **sacrifice** : 희생시키다   • **have a good time** : 좋은 시간을 보내다 / 즐겁게 지내다

Q5

직장에서의 문제를 처리하는 방식을 묻는 질문입니다. 자신의 업무를 간략히 말하고 문제점과 문제 해결 방법을 이야기합니다.

I will tell you how I handle a problem at work. I work for a food company as a public relations manager. Last year, a customer complained that one of the products was contaminated. As soon as I got the complaint, I apologized to the customer and then showed her what we were doing to prevent the same problem from happening again. The customer who was angry at first got satisfied with such an effort.

> **해설** 제가 회사에서 문제를 처리하는 방법을 말씀드리겠습니다. 저는 식품 회사에서 홍보 매니저로 일하고 있습니다. 작년에, 제품 중에 하나가 오염이 되었다는 보고가 있었습니다. 제가 소비자로부터 컴플레인을 받자마자 소비자에게 사과하고 다시는 같은 문제가 일어나지 않도록 우리가 하는 바를 보여줬습니다. 처음에는 화를 냈던 소비자가 그런 노력에 만족하게 되었습니다.

As a public relations manager at a food company, my duties involve promoting products and sometimes dealing with complaints from customers. Last year, I got a complaint that one of the products had been contaminated so I immediately apologized to the customer and showed how the company was dealing with the problem to prevent it from happening again. Such action satisfied the angry customer, who became loyal to my company.

> **해설** 식품 회사의 홍보 매니저로, 제품의 홍보 및 소비자의 컴플레인을 처리하고 있습니다. 작년에, 제품 중 하나가 오염이 되었다는 컴플레인을 받고 즉시 고객에게 사과를 하고 이런 문제가 다시 일어나지 않도록 회사가 이 문제를 어떻게 처리하는지를 보여주었습니다. 그런 조치가 화난 소비자를 만족시켰고, 회사 제품만을 구입하는 고객이 되었습니다.

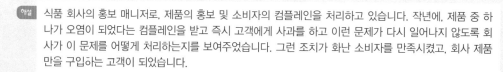

Word

• public relations : 홍보   • contaminate : 오염시키다   • complaint : 불평, 불만   • apologize : 사과하다
• prevent A from B : A가 B하지 않도록 방지하다   • get satisfied with : 만족하게 되다   • loyal : 충성스러운

Q6

What are your job responsibilities?
회사에서 어떤 일을 하십니까?

Job responsibilities 또는 job duties는 '회사에서 맡은 일'을 나타냅니다. 어떤 부서에서 일하고 어떤 직책인지를 말하고 하는 일이 무엇인지 간략하게 묘사합니다.

 4급

I work in the design development department of a construction company. I design a plant that will be built at an overseas construction sites. The customers of my company are usually countries in the Middle East, so their plants are for oil drilling.

> **해설** 저는 건설회사의 디자인 개발부에서 일하고 있습니다. 저는 해외 공사 현장에서 지어지게 될 플랜트를 설계합니다. 회사 고객이 주로 중동 국가이기 때문에 석유 시추에 관련된 플랜트입니다.

 5급

My duty in the design development department of a construction company is designing a plant for overseas constructions sites. The plants are mostly for oil drilling in Middle Eastern countries.

> **해설** 건설회사 디자인 개발부에서의 제 업무는 해외 공사 현장의 플랜트를 설계하는 것인데, 플랜트의 대부분은 중동 지역의 석유 시추에 관련된 것입니다.

Word

- design development department : 디자인 개발부   • construction company : 건설회사   • design a plant : 플랜트를 설계하다
- be built : 지어지다   • overseas construction sites : 해외 건설 현장   • oil drilling : 석유 시추
- 부서
- general accounting department : 경리부   • advertising department : 광고부   • purchasing division : 구매부
- corporate planning department : 기획실   • sales department : 영업부   • overseas sales department : 해외 영업부
- human resource department : 인사부

Q7

Describe your typical workday.
보통의 근무 일을 묘사하십시오.

회사에 출근하는 날을 묘사하는 문제입니다. 즉, 하루 일과를 시간의 흐름을 따라서 묘사하면 되는데, 반복적으로 행해지는 일을 묘사하는 것이니 시제는 현재형을 씁니다.

I wake up at 6 a.m. I take a shower and get dressed. I leave home at 7 a.m. I take a bus at a bus stop near my house. I arrive at work around 8 a.m. I have breakfast at the company cafeteria. I work from 9 a.m. to 6 p.m. I start my work with checking e-mails. I have lunch with my co-workers near my company at 1 p.m. I go back home by bus after work.

해설 제가 오전 6시에 일어납니다. 샤워를 하고 옷을 입습니다. 7시에 집을 나서고 집 근처에 있는 버스 정류장에서 버스를 탑니다. 8시경에 회사에 도착합니다. 회사 구내식당에서 아침 식사를 합니다. 저는 9시부터 6시까지 일을 합니다. 저는 이메일을 확인하는 것으로 일을 시작합니다. 점심은 회사 근처에서 1시에 동료들과 함께 먹습니다. 일을 마친 후 버스를 타고 집으로 돌아갑니다.

I wake up at 6 a.m. and leave home at 7 a.m. after taking a shower and getting dressed. I get to work around 8 a.m. and have breakfast at the company cafeteria. I work from 9 a.m. to 6 p.m. E-mail checking is the first thing I do and I leave for home at 6 p.m.

해설 오전 6시에 일어나 샤워를 하고 옷을 입은 후 7시에 집을 떠납니다. 8시경에 회사에 도착해서 회사 구내식당에서 아침을 먹습니다. 오전 9시부터 저녁 6시까지 일을 합니다. 이메일 확인이 제가 아침에 제일 먼저 하는 일이고, 저녁 6시에 집을 향해 출발합니다.

Word

• take a shower : 샤워를 하다   • get dressed : 옷을 입다.   • take a bus : 버스를 타다   • cafeteria : 구내식당
• go back home : 집으로 돌아가다

Q8

Can you tell me how you manage your time at work?
회사에서 어떻게 시간을 관리하는지 말씀해 주시겠습니까?

시간 관리에 대한 질문은 시간을 낭비하지 않고 어떻게 효율적으로 사용하느냐를 묻는 것입니다. '할 일을 미리 계획한다.'던가 또는 '급한 일보다는 중요한 일을 더 먼저 하려고 노력한다' 등을 이야기합니다.

Let me talk about time management at work. Usually, I try to complete more important tasks first in the morning. I first check e-mails and reply to important mails. Then, I read and study reports related to the project that I am working on. After lunch, I have meetings with my co-workers and report the progress of the project to my boss.

해설 직장에서의 제 시간 관리에 대해 말씀드리겠습니다. 저는 더 중요한 일을 아침에 제일 먼저 하도록 노력합니다. 우선, 이메일을 확인하고 중요한 메일에 답변을 합니다. 그리고 나서 제가 진행하고 있는 프로젝트에 관련된 리포트를 읽고 연구합니다. 점심식사 후에는 동료들과 미팅이 있고 프로젝트 진행 상황을 사장님에게 보고합니다.

The way I manage time at work is to prioritize tasks and deal first with more important ones rather than urgent ones. The first thing I do in the morning is checking e-mails and replying to important mails, and then I spend the time in the morning studying the project I am working on. I report to my boss after having meetings about projects with my co-workers in the afternoon.

해설 제가 회사에서 시간을 관리하는 방법은 일의 우선순위를 매기고 급한 일보다는 중요한 일을 먼저 처리하는 것입니다. 아침에 제일 먼저 하는 일은 이메일을 확인하고 중요한 메일에 대한 답변을 합니다. 그리고 나서 아침 시간은 제가 진행하고 있는 프로젝트를 연구하면서 보냅니다. 오후에는 동료들과 프로젝트에 관한 미팅을 한 후 사장님에게 보고합니다.

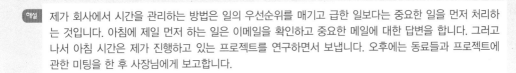

Word

- time management : 시간 관리   • complete : 완성하다, 끝내다   • important task : 중요한 업무
- first in the morning : 아침에 제일 먼저   • check e-mails : 이메일을 체크하다   • reply : 답변하다
- related to : 관련된   • the progress of the project : 프로젝트의 진행

How do you control stress at work?
회사에서 어떻게 스트레스를 조절하십니까?

이 문제는 '회사에서 받은 스트레스를 어떻게 푸십니까?'와 같은 문제라고 봐도 됩니다. 더 나아가 '스트레스를 어떻게 품니까'에 대한 대답을 해도 됩니다. 스트레스 해소에 관한 답변은 운동, 취미 생활, 친구와 이야기하기 등으로 쉽게 접근할 수 있고 스트레스 상황 당시의 조절 방법으로는 숫자 세기, 좋아하는 사람 또는 풍경 떠올리기 등의 대답을 할 수 있습니다.

Actually, I try not to get stressed out from the beginning. I try to understand my co-workers. If there are problems, I communicate with them to handle the problems. However, when there are issues that are really annoying and stressful, I take a deep breath and count numbers in my mind to keep calm. Sometimes, I take a rest for 10 minutes drinking coffee or tea.

> **해설** 사실상 애초에 스트레스를 받지 않으려 노력합니다. 동료들을 이해하려고 노력하고, 만일 무슨 문제가 있으면 문제를 해결하기 위해 동료들과 이야기합니다. 하지만 짜증스럽고 스트레스를 유발하는 문제가 있을 때는, 진정하기 위해서 깊은숨을 쉬고 마음속으로 숫자를 셉니다. 때때로, 커피나 차를 마시며 10분간 휴식을 취하기도 합니다.

The way I control stress is by taking a deep breath or counting numbers in my mind to calm myself down. Moreover, when I come across an annoying situation that makes me extremely stressed out, I drink coffee or tea trying to forget about the stressful situation.

> **해설** 제가 스트레스를 조절하는 방법은 마음을 진정시키기 위해서 깊은숨을 쉬거나 속으로 숫자를 세는 것입니다. 또한, 극도로 스트레스를 받게 만드는 상황에 맞닥뜨렸을 때에는 커피나 차를 마시면서 스트레스를 유발한 상황을 잊으려 노력합니다.

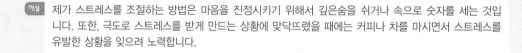

Word

- from the beginning : 애초에   • communicate : 의사 소통 하다   • handle : 다루다
- annoying and stressful : 짜증 나고 스트레스를 유발하는   • take a deep breath : 깊은 숨을 내쉬다
- count the number in my mind : 속으로 숫자를 세다   • take a rest : 휴식을 취하다
- calm oneself down : 마음을 진정시키다

54

Q10

What are your long-term career objectives?
장기적인 직업 목표가 무엇입니까?

이 문제는 직장에서 궁극적으로 이루고 싶은 목적을 묻는 것입니다. '어떤 경력을 쌓아서 어떤 직책을 맡고 싶다.'는 답변이 좋습니다.

I have been working for a construction company for 3 years. I am an employee in the overseas project team. I will gain a lot of experience in this company and based on such experience I would like to become a project manager in the future. A project manager has to supervise all aspects of a construction project such as bidding and a budget planning. Therefore, I want to enrol in a MBA course to learn more.

해설 저는 건설회사에서 3년간 근무하고 있습니다. 저는 해외 프로젝트 팀의 사원입니다. 이 회사에서 저는 많은 경험을 쌓을 것이고, 이 경험을 바탕으로 미래에는 프로젝트 매니저가 되고 싶습니다. 프로젝트 매니저는 입찰과 예산 계획 등과 같은 건설 프로젝트의 모든 측면을 관리하게 되어 있습니다. 그래서 경영 대학원에 가서 더 배우고 싶습니다.

I am an employee in the overseas project team of a construction company at which I have been working for 3 years. The position of a project manager is what I want to because in this company after building up experience. I plan to go enrol in a MBA course to learn more about management skills that a project manager is required to have such as bidding and budget planning.

해설 저는 건설회사 프로젝트팀의 사원으로 3년간 이 회사에 근무하고 있습니다. 경험을 쌓은 후 프로젝트 매니저가 되는것이 제가 이 회사에서 이루고 싶은 것입니다. 또한 입찰과 예산 계획 같은 프로젝트 매니저가 갖춰야 할 경영 기술을 배우기 위해서 MBA에 진학할 계획도 가지고 있습니다.

Word

- overseas project team : 해외 프로젝트 팀 · have a lot of experience : 많은 경험을 하다
- project manager : 프로젝트 매니저 · in the future : 미래에 · supervise : 감독하다
- aspect : 측면 · bidding : 입찰 · budget : 예산

Q11

When you have conflict with you co-workers, how do you overcome it?
동료들과 갈등이 있을 때 어떻게 극복하십니까?

동료들과의 갈등은 이해관계에서 오는 것일 수도 있고, 이해관계가 아닌 그냥 인간과 인간 사이의 문제 때문에 올 수도 있는 것입니다. 이런 문제의 답변은 '대화를 통해 서로를 이해하도록 하겠다'는 것이 정답입니다.

4급

When I have conflict with my co-workers, I try to communicate with them as much as possible. I ask to have lunch or dinner together then I listen to them and try to understand them. In addition, I honestly speak about my position and make them understand me.

해설 제가 동료들과 갈등이 있으면, 저는 가능한 한 많이 그들과 대화를 하려고 노력할 것입니다. 점심이나 저녁을 같이 하자고 해서 그들이 이야기하는 것을 경청하고 그들을 이해하려고 합니다. 또한, 제 입장에 대해 허심탄회하게 이야기해서 동료들이 저를 이해하도록 합니다.

5급

I have tried to handle conflict in the workplace through communication. While having lunch or dinner together, I listen carefully to what my co-workers say and I honestly talk to them about my situation. Then, we get to better understand one another.

해설 저는 회사에서의 갈등을 대화를 통해서 풀어왔습니다. 같이 점심이나 저녁을 먹으면서 동료들의 이야기를 경청하고 그들에게 허심탄회하게 제 입장에 대해 이야기를 하면 서로가 더 잘 이해하게 됩니다.

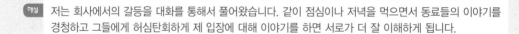

Word

• conflict : 충돌 • communicate : 의사소통하다 • listen up : 경청하다 • honestly : 솔직하게 • position : 입장
• handle : 처리하다

56

Q12

What advice would you give to your team member who is not cooperative in the team project?

팀 프로젝트에 협력적이지 않은 팀원에게 어떤 충고를 하겠습니까?

게으르거나, 협력적이지 않거나, 항상 늦는 팀원에 대한 충고를 물어보는 문제가 출제되어 왔습니다. 이런 문제에 대한 답변은 '불성실한 태도가 불러오는 결과를 설명하고 필요하다면 도움을 줄 수 있음을 상기시킨다'로 답변합니다.

I will tell him when the due date is and that the team is unable to meet the due data without his cooperation. Then I will suggest that other members are willing to help him if necessary.

해설 저는 그에게 제출해야 하는 날이 언제인지 그리고 그의 협력이 없이는 제출 기일을 맞추지 못할 것이라고 이야기할 것입니다. 그러고 나서 만일 필요하면 다른 팀원들이 도움을 줄 수 있다고 제안할 것입니다.

I remind him of the due date for the project and explain what will happen if we fail to complete the project by that date. I will also suggest that he ask other members for help if necessary.

해설 우선, 프로젝트를 제출해야 하는 기한을 상기시키고, 만일 그날을 지키지 못하면 어떤 일이 벌어질지 설명합니다. 그리고 또한, 필요하다면 다른 팀원들한테 도움을 받을 수 있다고 제안할 것입니다.

Word

- cooperative : 협력적인   • due date : 마감일, 만기일   • complete : 완성하다, 끝내다   • suggest : 제안하다

Q13

How do you get along with your co-workers?
동료들과 어떻게 잘 지내고 있습니까?

직장에서 동료들과의 관계를 물어보는 질문으로 관계가 어떠한지, 그리고 어떻게 노력하는 지 등을 이야기합니다.

I have been working for my company for 3 years. Therefore, my co-workers and I are like family members. When there is a problem, we are helping and encouraging one another. However, when I started work 3 years ago, it was very hard for me to adjust to the new environment. I got accustomed to it thanks to my managers and co-workers.

해설 저는 지금 회사에서 근무한 지 3년 되었습니다. 그래서 동료들과 저는 마치 가족과 같습니다. 만일 문제가 생기면 서로 돕고, 격려를 합니다. 하지만 제가 3년 전 일을 시작했을 때에는 새로운 환경에 적응하는 게 어려웠습니다. 상사와 동료들 덕분에 익숙해질 수 있었습니다.

As I have been working with them for 3 years, I get along with my co-workers like family members. My co-workers and I help and encourage one another while handling problems. I can attribute this good relationship to my managers and other co-workers who helped me get accustomed to the new environment when I started work here.

해설 제가 이 회사에서 3년 동안 일하고 있기 때문에 동료들과 마치 가족같이 잘 지내고 있습니다. 제 동료와 저는 문제를 처리할 때에는 서로 돕고 격려를 합니다. 이런 좋은 관계는 상사와 다른 동료들 덕분인데, 제가 일을 처음 시작했을 때 제가 새로운 환경에 적응할 수 있도록 도와주었습니다.

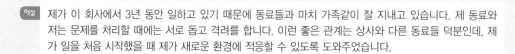
Word

• adjust : 적응하다, 조절하다 • accustomed : 익숙한, 적응된 • thanks to : 덕분에, 때문에

Q14

What is your ideal work environment?
당신의 이상적인 근무 환경은 무엇입니까?

근무 환경에는 상사, 월급, 동료, 사무실의 쾌적함, 좋은 구내식당 등 다양한 것들이 포함될 수 있습니다. 이 중에 하나가 중요하다고 말하고, 이 요소가 충족되지 않을 때의 문제점을 제시하면 좋은 답변이 되겠습니다.

For me, the ideal work environment means a good relationship with co-workers. Of course, a satisfying job and high salary are important. However, when I don't get along with my co-workers, I may hate going to work.

> 해설 저에게 있어서 이상적인 근무 환경이란, 동료들과의 좋은 관계입니다. 물론, 만족스러운 일과 높은 월급이 중요합니다. 하지만 제가 동료들과 잘 지내지 못한다면 전 회사에 가는 게 싫을 겁니다.

The most important factor that makes the ideal working environment is good relationship with co-workers because other factors like job satisfaction and high salary are meaningless without it. That is, I cannot stand being at work when I don't get along with my co-workers. That's why a good relationship with co-workers is the most important thing for the working environment.

> 해설 이상적인 근무 환경을 만드는 가장 중요한 요소는 동료들의 좋은 관계입니다. 왜냐하면 직업 만족감이나 높은 월급과 같은 다른 요소는 동료들과의 좋은 관계 없이는 아무런 의미가 없기 때문입니다. 즉, 저는 동료들과 잘 지내지 못할 때는 회사에 있는 걸 견딜 수 없습니다. 따라서 동료와의 관계가 근무 환경에서 가장 중요한 것입니다.

Word

- ideal : 이상적인   • working environment : 근무 환경   • satisfying : 만족스러운, 만족감을 주는   • get along with : …와 잘 지내다
- may : …일지도 모른다

지문 요약

문제 유형 소개

짧은 지문을 듣고 요약하는 문제입니다. SPA 시험의 평가 기준에서 가장 큰 부분을 차지하는 '청취력과 답변 내용' 평가에 가장 큰 영향을 끼치는 문제입니다. 응시자는 약 30초 정도 길이의 지문을 두 번 듣고, 들은 내용을 요약하게 됩니다. 요약할 때 빠진 내용에 대한 추가 질문이나, 지문의 주제와 관련된 추가 질문이 이어지기도 합니다.

어떻게 답변할까?

첫 번째 글을 들을 때 대략적인 내용을 파악하고 두 번째 들으면서 글의 중요 단어 및 연결어를 통해서 주제를 어떤 형식으로 이야기하고 있는지 파악합니다. 보통은 첫 번째 문장에 주제를 담고 있으므로 주의해서 들어야 합니다. 글의 나머지 부분은 주제를 설명하는 것으로, 더 자세한 설명을 덧붙이거나 특정한 예를 제시하기도 합니다. 답변을 할 때에는, 들은 내용을 자신만의 언어로 쉽게 이야기합니다. 즉, 여기에서 평가하는 것은 논리적인 글을 듣는 능력입니다. 지문은 이해했지만, 표현이 서툰 응시자들은 포기하지 말고 간단한 문형의 짧은 문장을 나열해서 답변합니다.

다음 글은 호주의 한 대학의 수의학과 학생들이 그레이하운드를 돕기 위해 달력을 출시했다는 내용입니다. 그레이하운드가 처한 상황이 무엇이며, 사람들이 어떻게 그레이하운드를 도울 수 있는지 듣고 요약해 봅니다.

🔊 mp3 file no.01

A group of veterinary students in an Australian University released a calendar to raise awareness of the plight of greyhounds and encourage people to adopt the animals. Around 20,000 greyhounds are trained for the greyhound racing every year. Most of them are killed when they get no more competitive after being used in the race for 3 or 4 years. The students claimed that the animals shouldn't be used as racing machines. They also said that greyhounds are beautiful animals and make great pets. The profit raised from sales of the calendar will be spent to rehome greyhounds.

> **해설** 호주의 한 학교의 수의학과 학생들이 그레이하운드가 처한 역경을 알리고 사람들에게 이 동물을 입양하도록 격려하기 위해 달력을 발매했습니다. 매년 약 2만 마리의 그레이하운드가 그레이하운드 레이싱을 위해서 훈련됩니다. 그들 중의 대부분이 3~4년 동안 레이스에 쓰여진 후 더 이상 경쟁력이 없으면 도살당합니다. 학생들은 그레이하운드가 경주 기계로 쓰여서는 안 된다고 주장하고 있습니다. 또한, 그레이하운드가 아름다운 동물이고 멋진 애완동물이 될 것이라고 이야기했습니다. 달력 판매 이익은 그레이하운드에게 새집을 찾아주는 데 쓰일 것입니다.

Word

- veterinary students : 수의학과 학생   • release : (음반, 서적 등을) 발매하다   • raise awareness of : 의식을 높이다
- plight : 곤란, 곤경   • encourage … to ~ : …가 ~하도록 격려하다   • adopt : 입양하다   • claim : 주장하다
- racing around the track : 트랙 주위를 경주하는   • make great pets : 훌륭한 애완동물이 되다.   • profit : 수익
- rehome : (애완 동물을) 새 가정에 입주 시키다. 새 가정을 찾아주다.

4급 Vet students in a university in Australia made a calendar to help grey-hounds. They want people to know about the situation facing greyhounds. Many greyhounds are killed every year. The students say that people should stop greyhound racing. They will spend the money from the calendar sales to help greyhounds.

> 해설 호주의 한 대학의 수의학과 학생들이 그레이하운드를 돕기 위해 달력을 만들었습니다. 그들은 사람들이 그레이하운드의 상황에 대해 알기를 원합니다. 해마다 많은 그레이하운드가 도살당합니다. 학생들은 사람들이 그레이하운드 경주를 멈춰야 한다고 말합니다. 그들은 달력 판매로 번 돈을 그레이하운드를 돕기 위해 쓸 것입니다.

🔊 mp3 file no.02

Why are greyhounds killed?
왜 그레이하운드가 도살 당합니까?

Because they don't win in the race so they are useless.
왜냐하면 경기에서 이기지 못하면 쓸모가 없기 때문입니다.

🔊 mp3 file no.03

What do the vet students encourage people to do?
수의학과 학생들은 사람들에게 무엇을 하라고 격려합니까?

They encourage people to adopt greyhounds.
그들은 사람들이 그레이하운드를 입양하라고 격려합니다.

5급

Vet students in an Australian university released a calendar to let people know about the difficulty facing greyhounds. Many greyhounds are killed every year when they become uncompetitive for racing. The vet students claimed that greyhounds shouldn't be used in races. They also asked people to adopt greyhounds saying the animals are great pets. The money raised from the sale will be spent to find new homes for greyhounds.

해설 호주의 한 대학의 수의학과 학생들이 달력을 출간했는데, 이는 그레이하운드가 처한 어려움을 사람들에게 알리기 위해서입니다. 매년 많은 그레이하운드가 도살을 당하는데, 이는 경기에서 경쟁력이 없어지기 때문입니다. 수의학과 학생들은 그레이하운드가 경주에 쓰여져서는 안된다고 주장하고 있습니다. 또한 학생들은 그레이하운드가 좋은 애완동물이라고 말하며 사람들에게 그레이하운드를 입양하라고 말합니다. 판매로 모금된 돈은 그레이하운드에게 새집을 찾아주는데 쓰여질 것입니다.

🔊 mp3 file no.04

1 추가 질문

What do you think of animals being used in the race?
경주에서 쓰여지는 동물에 대해 어떻게 생각합니까?

I am against the animal racing. It's cruelty to animals. Trainers often hit animals with a whip to teach racing skills. They should let animals in the wild or be taken care of by people.
저도 동물 경주에 반대합니다. 이는 동물 학대입니다. 조련사들은 경주 기술을 가르치기 위해 회초리로 동물들을 종종 때립니다. 동물들은 야생에 살도록 내버려 두거나 사람들의 보살핌을 받도록 해야 합니다.

🔊 mp3 file no.05

2 추가 질문

Are you willing to adopt greyhounds?
당신은 그레이하운드를 입양하시겠습니까?

Yes, I am. My kids love puppies so they will love greyhounds as well.
네, 제 아이들이 강아지를 매우 좋아하기 때문에 그레이하운드도 역시 좋아할 겁니다.

Word

• cruelty to animals : 동물 학대   • whip : 채찍

Q2

Listen to the passage and summarize it.
지문을 듣고 요약하십시오.

다음 글은 Euro 2016 기간에 술이 금지된다는 문장으로 시작합니다. 술 금지의 내용과 왜 이런 조처가 취해졌는지에 대해 파악해 보도록 합니다.

🔊 mp3 file no.06

Alcohol is to be banned near Euro 2016 venues and fanzones. The French government announced restrictions on the sale, consumption and transportation of alcohol before and after the game. The ban will include public areas, shops and liquor shops. Moreover, local officials can also ban bars and cafes from serving drinks on their terraces. This tough measure came after violence on the opening day of the tournament. The violence between English and Russian fans was caused by alcoholic hordes and left more than 30 people injured.

해설 유로 2016이 열리는 장소와 팬존 근처에서 술이 금지될 것입니다. 프랑스 정부는 경기 전후로 알코올의 판매, 소비, 운송을 제한한다고 발표했습니다. 술의 금지는 공공장소와, 가게 그리고 주류 판매점이 포함됩니다. 또한 지역 공직자가 술집이나 카페의 테라스에서 술을 제공하지 못하게 금지할 수도 있습니다. 이와 같은 엄격한 조치는 이 게임의 개막식에 있었던 폭력 이후에 취해졌습니다. 영국과 러시아 팬 사이의 폭력은 술에 취한 무리들에 의해서 야기되었고, 30명 이상이 부상을 입었습니다.

Word

• venue : 스포츠 경기가 열리는 장소   • restriction : 제한, 규제   • consumption : 소비   • transportation : 운송
• liquor shop : 주류 판매점   • ban ~ from … : ~이 …하는 것을 금지하다   • measure : 조처   • horde : 무리   • injured : 부상당한

France will ban alcohol during Euro 2016. Liquor shops can't sell alcohol. People cannot drink alcohol in public areas. This alcohol ban was announced after violence on the first day of the game. About 30 people were injured because of this incident.

> **해설** 프랑스가 유로 2016 동안 술을 금지할 것입니다. 주류 판매점은 술을 판매할 수 없습니다.
> 사람들은 공공장소에서는 술을 마실 수 없습니다. 이 알코올 금지는 경기 첫날 있었던 폭력 후에 발표되었습니다. 약 30명이 이 폭력 때문에 부상을 입었습니다.

🔊 mp3 file no.07

Who caused the violence?
누가 폭력을 일으켰습니까?

A group of drunken fans for English and Russian teams did.
영국과 러시아의 술 취한 팬들이 일으켰습니다.

🔊 mp3 file no.08

Do you think that the ban is effective in preventing violence?
술을 금지하는 것이 폭력을 예방하는 데 효과가 있다고 생각합니까?

Yes, I think so. Some people lose self-control when they are drunk, so the ban will prevent violence.
네, 그렇게 생각합니다. 어떤 사람들은 취하면 자기절제를 하지 못합니다. 따라서 술을 금지하는 것이 폭력을 예방할 것입니다.

Word

• self-control : 자기절제

5급 Alcohol will be banned in the venue of Euro 2016. The French government imposed a ban on alcohol sales and consumption in public areas and liquor shops. Moreover, bars and cafes won't be allowed to serve drinks to customers in their terraces. The government came up with this measure in the wake of violence on the opening day of the games. The incident was caused by drunken English and Russian fans leaving 30 people injured.

해설 유로 2016 장소에서 술이 금지가 될 것입니다. 프랑스 정부는 공공장소와 주류판매점에서의 술의 판매와 소비를 금지시켰습니다. 게다가, 술집이나 카페도 테라스의 손님에게는 술을 제공하지 못합니다. 프랑스 정부는 이 경기의 첫날에 있었던 폭력사태 후에 이런 조치를 했습니다. 그 폭력은 영국과 러시아의 술 취한 팬들에 의해 야기되었는데 30명의 부상자를 냈습니다.

 mp3 file no.09

1 추가 질문 Do you think that the ban is effective in preventing hooligans?
술을 금지하는 것이 훌리건을 예방하는 데 있어서 효과적이라고 생각합니까?

Yes, I think so. People tend to get excited while supporting at a stadium. If they get drunk, they will get more excited. They may get lose self-control and get violent. Therefore, alcohol prohibition can prevent such a violent situation.
네, 그렇게 생각합니다. 경기장에서 응원 하는 동안에 사람들은 흥분하는 경향이 있습니다. 만일 술에 취한다면 더 흥분하게 될 것이고, 어쩌면 자제력을 잃고 폭력적이 될지도 모릅니다. 따라서, 술 금지가 그러한 폭력적인 상황을 방지할 수 있을 것입니다.

Word

• hooligan : 훌리건(공공장소에서 보통 떼를 지어 난동을 부리는 젊은이)

Q3

Listen to the passage and summarize it.
지문을 듣고 요약하십시오.

다음 글은 아동 비만을 막기 위한 영국의 설탕세에 대한 내용입니다. 이 세금이 부과되는 음료와 이유, 어떻게 부과되는지 그리고 거둬들인 세금이 어떻게 쓰이게 될 것인지를 포함하고 있습니다.

🔊 mp3 file no.10

A sugar tax will be introduced in the U.K. to fight against child obesity. It is mainly aimed at fizzy drinks which are popular among teenagers. Actually, some fizzy drinks are incredibly high in sugar. One can contains about nine teaspoons of sugar. Teenagers get a third of their daily sugar intake from soft drinks. The tax will be imposed on companies according to the volume of the sugar-sweetened drinks they produce or import. The money raised will be spent on funding for sports in primary schools. Health advocates hail this move as a significant step to combat child obesity.

> 해설 아동 비만을 막기 위해 설탕세가 영국에 도입될 것입니다. 세금은 주로 10대 사이에 인기가 있는 탄산음료를 겨냥하고 있습니다. 사실, 어떤 탄산음료는 설탕이 믿을 수 없을 만큼 많이 들어 있습니다. 탄산음료 한 캔이 약 9개 티스푼의 설탕을 함유하고 있습니다. 십 대들이 하루 설탕 섭취량의 3분의 1을 탄산음료에서 섭취합니다. 설탕세는 회사가 생산하거나 수입하는 설탕 첨가 음료의 양에 따라 부과가 됩니다. 세금으로 거둬들인 돈은 초등학교의 스포츠를 위한 기금으로 쓰일 것입니다. 건강 옹호론자들은 이런 움직임을 아동 비만을 막기 위한 중요한 움직임으로 환영하고 있습니다.

Word

• introduce : 도입하다　• child obesity : 아동 비만　• fizzy drink : 탄산음료　• popular : 인기 있는　• high in sugar : 설탕이 많은
• contain : 포함하다　• teenager : 10대　• daily sugar intake : 하루 설탕 소비량　• impose : 부과하다
• sugar-sweetened : 설탕이 첨가된/설탕으로 단 맛을 낸　• raise : 돈/기금 등을 모으다　• hail : 환영하다　• significant : 중요한

The British government will introduce a sugar tax to combat child obesity. Soft drink companies will have to pay the tax. Soda drinks are children's favorite drinks and they contain too much sugar. Some include nine teaspoons of sugar. Advocates welcome this tax as a good way to combat child obesity.

해설 영국 정부가 아동 비만을 막기 위해 설탕세를 도입할 것입니다. 탄산 음료 회사들이 이 설탕세를 낼 것입니다. 탄산음료는 아이들이 가장 좋아하는 음료이고, 너무 많은 설탕을 함유하고 있습니다. 어떤 음료는 9개 티스푼의 설탕을 포함하고 있습니다. 옹호자들은 이 세금이 아동 비만을 막기 위한 좋은 방법이라고 환영하고 있습니다.

🔊 mp3 file no.11

1 추가 질문

How is the tax imposed on companies?
어떻게 설탕세가 회사들에게 부과가 됩니까?

It will be imposed according to the amount of their soda drinks.
탄산 음료의 양에 따라 부과될 것입니다.

🔊 mp3 file no.12

2 추가 질문

How will the collected tax be used?
세금으로 걷힌 돈을 어떻게 쓰일 것입니까?

It will be spent for sports in primary schools.
초등학교의 스포츠를 위해서 쓰일 것입니다.

Word

• collect : (세금 등을) 거두다, 모으다

5급 A sugar tax will be imposed on fizzy drink companies in the U.K. The purpose of the tax is to fight against child obesity. In fact, fizzy drinks that are very popular among teenagers contain a great amount of sugar. Even some drinks contain nine teaspoons of sugar. The tax will be imposed on companies according to the volume of their sugar-contained drinks. Proponents say the tax is a significant measure in dealing with the issue of child obesity. The tax collected will be spent for sports in primary schools.

 설탕세가 미국의 탄산음료 회사에 부과될 것입니다. 그 목적은 아동 비만을 막기 위한 것입니다. 사실, 십 대 사이에 매우 인기가 있는 탄산음료는 많은 양의 설탕을 함유하고 있습니다. 심지어 어떤 음료는 티스 푼 아홉 개 양의 설탕을 함유하고 있습니다. 세금은 설탕을 포함하고 있는 음료의 양에 따라 회사에 부과 될 것입니다. 지지자들은 이 세금이 아동 비만 문제를 해결하는 데 있어 중요한 조처라고 말합니다. 징수 된 세금은 초등학교의 스포츠를 위해서 쓰여질 것입니다.

🔊 mp3 file no.13

1 추가 질문

Do you think the tax will be effective in reducing child obesity rate?
이 세금이 아동 비만률을 줄이는 게 효과적일 거라고 생각합니까?

Yes, I think the tax is somewhat effective. The soda drink companies may reduce the amount of their soda drinks to avoid the tax.
네, 효과적이라고 생각합니다. 탄산음료 회사들이 세금을 피하기 위해서 그들의 탄산음료 생산 을 줄일 것입니다.

🔊 mp3 file no.14

2 추가 질문

Are there any other ways to combat child obesity?
아동 비만을 막기 위한 다른 방법이 있습니까?

Schools should increase the hours of physical education. As I know, there is only one-hour P.E. class per week nowadays. It should be increased into at least three hours a week.
학교들이 체육 시간을 늘려야 합니다. 제가 알기로는 요즘에 체육 시간이 일주일에 한 시간밖 에 없습니다. 일주일에 적어도 세 시간으로 늘려야 한다고 생각합니다.

Word

• imposed on : …에 부과된   • soft drink : 탄산음료   • obesity : 비만, 비대   • prosponent : 지지자   • in fact : 사실을, 실제

Q4

Listen to the passage and summarize it.
지문을 듣고 요약하십시오.

스트레스가 많은 직장인에 있어서 탄력적 근무의 중요성을 나타내는 연구 결과에 관한 내용입니다. 연구에 관한 글은 연구 결과, 실험 대상, 실험 방법 등을 포함하고 있으니, 이 내용을 예측하면서 들어봅니다.

🔊 mp3 file no.15

A new study has found that flexibility is important for employees in stressful positions. Researchers in Indiana University studied thousands of employees having stressful jobs in their 60s between 2004 and 2011. They found that employees with more flexibility were less likely to have died. They also found that those with little freedom were more likely to be unhealthy and die sooner. When they are given freedom to set their schedules and goals, they brainstorm ways to complete their work. Thus, they are under less stress. On the contrary, when they lack control of their workflow, they turn to unhealthy coping mechanism like over-eating or smoking.

> **해설** 스트레스가 많은 직업을 가진 사람에 있어서 탄력적 근무가 중요하다는 새로운 연구가 나왔습니다. 인디애나 대학의 연구가들은 2004년부터 2011년 사이에 수천 명의 스트레스가 많은 직업을 가진 60대의 직장인들을 연구했습니다. 그들이 발견한 것은 더 많은 근무 시간의 유연성을 가진 직원들은 사망할 확률이 적다는 것이었습니다. 또한 자유가 별로 없는 직원들은 건강하지 않고, 사망 확률이 높았습니다. 자유가 더 많이 주어질 때 스케줄이나 목표를 자신이 세우고, 업무를 완성하기 위한 방법을 생각해 냅니다. 그래서 스트레스를 덜 받습니다. 반대로, 일의 흐름에 대한 통제가 없을 때, 과식이나 흡연과 같은 건강에 해로운 대응 기제에 기대게 됩니다.

Word

- flexibility : (근무 시간의) 유연성, 탄력적 근무 • employees in stressful positions : 스트레스가 많은 직종의 직장인들
- be less likely to : …할 가능성이 덜 하다 • unhealthy : 건강하지 못한 • set schedules and goals : 스케줄과 목표를 설정하다
- brainstorm : 묘안을 떠 올리다 • on the contrary : 반대로 • workflow : 일의 흐름 • turn to : 의지하다
- coping mechanism : 대응 기제 • over-eating : 과식

4급

A study found that flexibility is important for employees working stressful jobs. It looked at employees in their 60s. It showed that employees died sooner when they had less freedom. This is because they are more likely to smoke or over-eat when they can't control their workflow.

 해설 한 연구가 스트레스가 많은 직업을 가진 직장인들에게 유연성이 중요하다는 것을 밝혔습니다. 이 연구는 60대의 직장인을 조사했고, 자유가 없을 때 더 일찍 사망한다는 것을 보여줬습니다. 그 이유는 일의 흐름을 통제하지 못할 때 담배를 피우거나 과식할 가능성이 더 많았기 때문입니다.

🔊 mp3 file no.16

 1 추가 질문

Do you have flexibility at work?
직장에서 탄력 근무제로 일합니까?

No, I work from 9 a.m. to 6 p.m. I am not allowed to control the workflow. I have to work hard to complete my task by the due date.
그렇지 않습니다. 전 9시부터 6시까지 일하고, 제 일의 흐름에 대한 통제를 못 합니다. 기한 내에 제 임무를 마치기 위해 열심히 일해야 합니다.

🔊 mp3 file no.17

 2 추가 질문

How do you deal with the stress?
어떻게 스트레스에 대처합니까?

I meditate every morning, which makes me stay calm.
아침마다 명상을 하는데, 평상심을 유지하게 해줍니다.

Word

• meditate : 명상하다

5급

According to a study, employees in stressful positions live longer when they are given more freedom. Researchers studied employees in their 60s from 2004 to 2011. They found that when they have more flexibility, they feel less stress. Meanwhile, when they have less freedom to control their workflow, they turn to unhealthy habits such as smoking or overeating to relieve stress.

해설 한 연구에 따르면 스트레스가 많은 직업을 가진 직장인이 자유가 더 많이 주어질 때 더 오래 사는 것으로 나타났습니다. 연구가들이 2004년부터 2011년까지 60대에 있는 직장인들을 연구했습니다. 그들이 밝혀낸 것은 탄력적 근무를 할 수 있을 때 스트레스를 덜 받는다는 것입니다. 반면에 일의 흐름을 자신이 통제할 자유가 없을 때, 그들은 스트레스를 풀기 위해 흡연이나 과식과 같은 건강에 해로운 습관에 의존합니다.

🔊 mp3 file no.18

1 추가 질문

Do you have any habits to relieve stress?
스트레스를 풀기 위해 하는 습관이 있나요?

I used to smoke but I quit smoking a few years ago. Now, I drink soda pop whenever I feel stressed. It makes me feel fresh.
예전에는 담배를 피웠는데, 몇 년 전에 끊었습니다. 지금은 스트레스를 받을 때마다 청량음료를 마시는데, 기분을 좋게 합니다.

Word

Listen to the passage and summarize it.
지문을 듣고 요약하십시오.

🔊 mp3 file no.19

We are forced to make hundreds of small decisions every day such as what to eat for lunch or what to wear. Too many decisions can drain our mental reserves and lead to 'decision fatigue'. Decision fatigue refers to the deteriorating quality of decisions after a lot of decision making. One of the easiest ways to combat 'decision fatigue' is to get rid of unnecessary decisions. Indeed, some people do like this. For example, president Obama only wears gray or blue suits saying "I am trying to pare down decisions. I don't want to make decisions about what I am eating or wearing." Similarly, Mark Zuckerburg wears only grey T-shirts claiming 'I want to make my life simple so that I have to make decisions that matter most.'

해설 우리는 '점심으로 무엇을 먹을까' 또는 '무엇을 입을까'와 같은 수백 개의 작은 결정들을 매일 해야만 합니다. 너무 많은 결정은 우리의 정신력을 고갈시키고 '결정 피로'를 야기합니다. '결정 피로'란 많은 의사 결정 뒤에 결정의 질이 떨어지는 것을 일컫습니다. 이런 '결정 피로'를 없애는 가장 쉬운 방법 중 하나는 불필요한 결정들을 제거하는 것입니다. 실로, 몇몇 사람은 이렇게 하고 있습니다. 예를 들어, 오바마 대통령은 회색이나 파란색 양복만 입는데, '나는 결정을 줄이고자 노력합니다. 무엇을 먹거나 입어야 할지에 관한 결정을 하고 싶지 않습니다. 비슷하게, 마크 주커버그도 회색 티셔츠만 입는데, 그는 '나는 가장 중요한 결정만을 해야 하기 때문에 내 삶을 간단하게 만들고 싶다'고 말합니다.

Word

• be forced to : …을 강요당하다   • drain mental reserves : 정신력을 고갈시키다   • decision fatigue : 결정 피로
• deteriorating : 악화되는, 나빠지는   • decision making : 의사 결정   • get rid of : 제거하다   • indeed : 실제로
• pare down decisions : 결정을 줄이다   • similarly : 유사하게, 비슷하게   • matter : 중요하다

4급

We have to make lots of small decisions every day. For example, we make a decision about what to eat or what to wear. When we make too many decisions, we get 'decision fatigue'. That means, we cannot make good decision after having made many decisions. One way to combat 'decision fatigue' is to avoid making small decisions.

> **해설** 우리는 매일 많은 사소한 결정을 내려야 합니다. 예를 들어서 무엇을 먹을지 또는 무엇을 입을지 결정합니다. 우리가 너무 많은 결정을 하게 되면 '결정 피로'라는 것을 갖게 됩니다. 이는, 많은 결정을 내린 후에는 좋은 결정을 내리지 못한다는 것입니다. 이 '결정 피로'를 막기 위한 한 가지 방법은 작은 결정들을 피하는 것입니다.

🔊 mp3 file no.20

1
추가
질문

How can we avoid making small decisions?
어떻게 작은 것에 대한 결정을 피할 수 있을까요?

Like president Obama and Mark Zuckerburg, we can wear the same suit or T-shirt every day. Then, we don't need to spend time in front of the closet every morning.
오바마 대통령이나, 마크 주커버그처럼 똑같은 양복이나 티셔츠를 매일 입습니다. 그러면, 우리는 매일 아침 옷장 앞에 서서 무엇을 입어야 할지 결정하는 데 시간을 쓸 필요가 없습니다.

🔊 mp3 file no.21

2
추가
질문

Have you ever experienced 'decision fatigue'?
'결정 피로'를 경험한 적이 있습니까?

No, I haven't.
아니요, 없습니다.

5급 We make a small decision every moment. Too many decisions such as what to eat for lunch or what to wear can result in 'decision fatigue'. That is, we end up making poorer decision after spending all our energy in small decisions. The easiest way to fight against 'decision fatigue' is to remove unimportant decisions. For example, president Obama wears gray or blue suits and Mark Zuckerburg wears only grey T-shirts. At least, they do not have to make a decision on what to wear.

해설 우리는 매 순간 작은 결정을 내립니다. 점심으로 무엇을 먹을지 또는 무엇을 입을지 와 같은 너무 많은 작은 결정들은 '결정 피로'를 야기시킵니다. 즉, 작은 결정에 우리의 모든 에너지를 쓴 후 좋지 못한 결정을 내리게 된다는 겁니다. '결정 피로'를 없애는 가장 쉬운 방법은 중요하지 않은 결정들을 제거하는 것입니다. 예를 들어 오바마 대통령은 회색이나 파란색 양복만을 입고, 마크 주커버그는 회색 티셔츠만 입습니다. 적어도 그들은 무엇을 입어야 할지에 관한 결정은 할 필요가 없습니다.

🔊 mp3 file no.22

 1 추가 질문

Have you ever experienced 'decision fatigue'?
'결정 피로'를 경험하신 적 있으신가요?

Yes, I have. I sometimes regret having bought unnecessary things when I go shopping after work. I think I tend to make a wrong purchasing decision after a lot of small decisions at work. Therefore, I avoid going shopping after work.
네, 퇴근 후에 쇼핑을 하면 필요하지 않은 물건을 산 걸 때때로 후회합니다. 그래서 저는 퇴근 후의 쇼핑을 피하고 있습니다.

🔊 mp3 file no.23

 2 추가 질문

Is there anything you do to avoid 'decision fatigue'?
'결정 피로'를 피하기 위해 당신이 하는 일이 있습니까?

I try to make my life as simple as possible. For example, I limit the number of goods that I use. I have two suits for each season and I have only one pair of shoes. Moreover, I use the same brand shampoo or soap. I don't need to make a decision on which shampoo to buy.
제 삶을 가능한 간단하게 하려고 노력합니다. 예를 들어서, 제가 사용하는 물건의 수를 제한을 둡니다. 저는 계절별로 두 개의 양복이 있고, 구두는 한 켤레밖에 가지고 있지 않습니다. 게다가, 저는 같은 브랜드의 샴푸나 비누만 씁니다. 그러면 저는 어떤 샴푸를 살까에 대한 결정을 내릴 필요가 없습니다.

다음 글은 미래의 차에 관한 내용입니다. 미래 차의 특징이 무엇인지, 운전자는 운행 중에 무엇을 해야 하는지를 말하고 있습니다. 모르는 단어가 들리더라도 거기에 집착하지 말고 흐름을 따라 동사 위주로 듣고 요약해봅니다.

🔊 mp3 file no.24

What will the cars of 2050 look like? An automobile magazine in the U.S.A has predicted that the future car would be self-driving. Drivers don't need to pay attention to traffic signals or other people on the road. Instead, they can use their time in a productive way as they can now work or rest. When the car makes it to its destination, it can park itself. The only thing that drivers are required to do is to switch from one mode to another such as highway driving to city driving. There will probably still be a steering wheel, but some models could have a joystick that drivers rarely use.

> 해설 2050년의 자동차는 어떻게 생겼을까요? 미국에 있는 한 자동차 잡지가 미래의 차는 자동으로 운행될 것이라고 예측했습니다. 운전자들은 교통 신호나 도로 위의 다른 운전자들을 신경 쓸 필요가 없습니다. 대신에, 그들의 일을 하거나 휴식을 취할 수 있으므로 시간을 생산적인 방법으로 사용할 수 있습니다. 차가 목적지에 도착하면 스스로 주차를 할 수 있습니다. 운전자가 해야 할 유일한 일은 고속도로 운전에서 도시 운전으로 바꾸는 것처럼 운전 모드를 바꾸는 것입니다. 운전대는 여전히 있을 수도 있습니다. 그러나 어떤 차에는 운전자들이 거의 사용하지 않을 조이스틱이 있을 수 있습니다.

Word

• predict : 예측하다, 예언하다 • self-driving : 자동으로 주행하는 • pay attention to : 주의를 기울이다 • traffic signal : 교통 신호
• other people on the road : 길 위의 다른 운전자들 • in a productive way : 생산적인 방법으로 • make it to its destination : 목적지에 도착하다 • park : 주차하다 • be required to : 요구되어지다 • switch : 변경하다 • steering wheel : 운전대
• rarely : 거의 … 하지 않다

4급

How does the future car look? A U.S. auto magazine predicted it would be self-driving. Drivers don't need to drive. Instead, they can work or rest. They need not park because the car parks itself. There will be a steering wheel or a joystick but drivers won't use them.

해설 미래의 차는 어떻게 생겼을까요? 미국의 잡지는 이것이 자동으로 주행될 것 이라고 예측했습니다. 운전자들은 운전할 필요가 없습니다. 대신에, 그들은 일을 하거나 휴식을 취할 수 있습니다. 그들은 차를 주차할 필요도 없으며, 차가 스스로 주차를 합니다. 운전대나 조이스틱이 있겠지만 운전자들이 그것을 사용하지는 않을 것입니다.

🔊 mp3 file no.25

1
추가
질문

What is the only thing that drivers need to do?
운전자가 해야 하는 것은 무엇입니까?

They have to switch from one mode to another like highway driving to city driving.
운전자들은 고속도로 운전모드에서 도시 운전모드로 변환하는 것처럼 하나의 모드에서 다른 모드로 변환을 해야 합니다.

5급 What does the cars of 2050 look like? According to an automobile magazine in the U.S.A., the future car will be self-driving. The driver can work or rest while his or her car is driving by itself. Therefore, the driver doesn't have to be careful on the road. The future car even parks itself. What the driver has to do is to change from one mode to another such as highway driving to city driving. The future car may still have a steering wheel or a joystick one but it will be rarely used by the driver.

해설 2050년의 차는 어떻게 생겼을까요? 미국의 한 자동차 잡지에 따르면, 미래의 차는 자동 주행될 것이라고 합니다. 운전자는 차가 스스로 운전을 하는 동안에 일을 하거나 쉴 수 있습니다. 그러므로, 운전자는 도로 위에서 주위를 기울일 필요가 없습니다. 미래의 자동차는 스스로 주차도 할 것입니다. 운전자가 해야 하는 것은 고속도로 모드에서 도시 모드로 변화시키는 것과 같은 모드를 변환시키는 것입니다. 미래의 차는 여전히 운전대를 갖추고 있거나 아니면 조이스틱과 같은 운전대를 하나 갖고 있겠지만, 거의 사용되지는 않을 것입니다.

 mp3 file no.26

1 추가 질문

Do you remember your first car? Could you describe it?
당신의 첫 번째 차를 기억하시나요? 묘사해 보시겠어요?

When I started to work for a company, I bought a car made by HD. It was a white compact car so it was fuel-efficient.
제가 회사 생활을 시작했을 때, HD가 만든 차를 샀습니다. 하얀색 컴팩트 카였고, 연비가 좋았습니다.

 mp3 file no.27

2 추가 질문

What other features will the future car have?
미래의 차는 어떤 다른 특징을 가지고 있겠습니까?

The future car will not cause environmental pollution. Most cars will be powered by electricity or green energy that does no harm to the environment.
미래의 차는 환경 오염을 야기시키지 않을 것입니다. 대부분의 차가 전기나 환경에 해가 되지 않는 환경 친화적인 에너지로 작동될 것입니다.

Word

• power : 동력을 공급하다, 작동시키다   • electricity : 전기   • green energy : 친환경 에너지

Q7

Listen to the passage and summarize it.
지문을 듣고 요약하십시오.

다음 글은 핀란드의 버거킹에서만 즐길 수 있는 서비스에 관한 글입니다. 이 서비스가 무엇인지 그리고 고객들은 무엇을 즐길 수 있는지, 이에 대한 평가는 무엇인지 알아봅니다. 처음 들을 때에는 대략적 흐름을 잡고, 두 번째 들으면서 상세 내용을 기억하고 자신만의 언어로 요약해봅니다.

◀)) mp3 file no.28

A Burger King in Helsinki, Finland has opened an in-door spa which features a 15-person sauna, shower room, media lounge with TV and gaming facilities. Guests can watch TV or play video games while basking in the steam. Of course, food is part of the experience, as servers visit the sauna to take food and beverage orders. It may sound weird, but it is believed to offer a wonderful example of localization because a sauna is an integral part of the country's culture. In fact, the Burger King spa won an award for New Concepts in Food Service in 2016.

해설 핀란드의 헬싱키에 있는 버거킹이 실내 스파를 열었습니다. 스파는 15명이 사용할 수 있는 사우나, 샤워실, 그리고 TV와 오락 시설을 갖춘 미디어 룸이 갖춰져 있습니다. 손님들은 사우나를 즐기면서 TV를 보거나, 비디오 게임을 할 수 있습니다. 물론, 웨이터가 음식과 음료 주문을 받기 위해 사우나를 방문하기에 음식도 이 경험의 일부입니다. 이상하게 들릴지 모르지만, 버거킹 스파는 지역화의 훌륭한 예로 여겨지고 있습니다. 그 이유는 사우나가 이 나라 문화의 중요한 부분이기 때문입니다. 사실, 이 버거킹 스파는 2016년 New Concepts in Food Service의 상을 받았습니다.

Word

• feature : 특별히 포함하다, 특징으로 삼다   • bask in the steam : 사우나를 즐기다   • server : 서빙하는 사람
• take food and beverage orders : 음식과 음료 주문을 받다   • sound weird : 이상하게 들리다
• offer : 제공하다   • localization : 로칼라이제이션 / 지역화
• integral 필수적인   • win an award 상을 받다

4급

A Burger King in Finland opened a spa. It has a sauna with a shower room and a media lounge. Guests can enjoy the sauna while watching TV or playing video games. They also have burgers and drinks. It sounds weird but it won an award.

 핀란드의 한 버거킹이 스파를 열었습니다. 이 스파는 샤워 룸과 미디어 룸이 있는 사우나를 가지고 있습니다. 손님들은 텔레비전을 보거나 비디오 게임을 하면서 사우나를 즐길 수 있습니다. 또한 버거나 음료를 먹을 수 있습니다. 이상하게 들리지만, 상도 받았습니다.

🔊 mp3 file no.29

1
추가
질문

Why did the Burger King spa win an award?
왜 이 버거킹 스파가 상을 받았습니까?

It was credited for a wonderful example of localization.
지역화의 훌륭한 예로 인정을 받았습니다.

🔊 mp3 file no.30

2
추가
질문

Why was the Burger King spa a wonderful example of localization?
왜 이 버거킹 스파가 현지화의 훌륭한 예입니까?

Because a sauna is an important part of the culture in Finland.
왜냐하면 사우나는 핀란드에서 중요한 문화의 일부이기 때문입니다.

Word -

• be credited for : (공로를) 인정받다

5급 A Burger King in Helsinki, Finland is offering an in-door spa which has a sauna, shower room and media lounge. There are TV and gaming facilities in the media lounge, so guests can enjoy these facilities while enjoying the sauna. Moreover, servers come to the sauna to take orders. A fast food restaurant with a sauna may be weird, but it even won an award for its new concept in the food industry. It is said to be a wonderful example of localization because a sauna is an essential part of the Finnish culture.

해설 헬싱키 버거킹에 있는 버거킹이 사우나, 샤워실, 미디어 라운지를 갖춘 실내 스파를 제공하고 있습니다. 미디어 라운지에는 TV와 게임 시설들이 있어서 손님들이 사우나를 즐기면서 이런 시설들을 즐길 수 있습니다. 게다가, 웨이터들이 음식 주문을 받기 위해서 사우나에 옵니다. 사우나가 있는 패스트푸드 레스토랑이 이상하게 들릴지도 모르지만, 음식 산업의 새로운 컨셉에 대한 상을 받기까지 했습니다. 핀란드의 문화에서 사우나가 필수불가결한 부분이기 때문에 지역화의 훌륭한 예라고 합니다.

🔊 mp3 file no.31

1 추가 질문 If you were given a chance to visit Helsinki, would you visit this Burger King?
만약 헬싱키를 방문할 기회가 주어진다면, 이 버거킹을 방문하겠습니까?

Yes, if I were there, I would probably visit the restaurant. I don't like burgers but I want to experience a different culture there.
네, 만약 거기 간다면, 아마 방문할 것입니다. 햄버거는 좋아하지 않지만 거기서 다른 문화를 경험해 보고 싶습니다.

🔊 mp3 file no.32

2 추가 질문 Do you have any Korean customs or traditions that you want to recommend to your foreign friends?
외국인 친구에게 추천해 주고 싶은 한국의 관습이나 전통이 있습니까?

I would recommend the custom of taking off shoes when entering the house. It can help them keep their house clean.
집에 들어갈 때 신발을 벗는 관습을 추천해 주고 싶습니다. 이것이 집을 깨끗하게 유지하도록 도와 줄 것입니다.

다음 글은 아프리카 코끼리가 처한 상황과 이를 돕는 단체에 관한 내용입니다. 아프리카 코끼리가 왜 수가 줄고 있는지 그리고 이 단체는 코끼리를 어떻게 돕고 있는 지 파악해 봅니다. 영어는 궁금증을 해소한다고 생각하고 글의 흐름을 따라가는 것이 가장 좋습니다.

🔊 mp3 file no.33

Every year, thousands of African elephants are being slaughtered by poachers who illegally trade their ivory. Many young African elephants lose their parents and become orphans. They are extremely vulnerable in the first few years of life because they struggle to survive without their mothers. An organization called the David Sheldrick Wildlife Trust helps these African elephants. The organization raises these young orphaned elephants and releases them into the wild once they get old enough. It has now raised over 200 elephants since its foundation in the late 1980s. However, such an effort is not enough because the illegal poach is so pervasive that only 400,000 are left.

해설 매 년 수천 마리의 아프리카 코끼리가 밀렵꾼에 의해서 도살되는데, 밀렵꾼은 코끼리의 상아를 불법으로 거래합니다. 많은 어린 아프리카 코끼리가 부모를 잃고 고아가 됩니다. 생후 몇 년간이 특히나 취약한데, 엄마가 없이 살아남기가 매우 어렵기 때문입니다. David Sheldrick Wildfire Trust라는 기관이 아프리카 코끼리를 돕고 있습니다. 이 기관은 고아가 된 코끼리를 키우고 충분히 크면 야생으로 돌려보냅니다. 1980년대말 이 단체의 설립 이후로 약 200마리의 코끼리를 키워 왔습니다. 하지만 이런 노력이 충분치 않은데 그 이유는 불법 밀렵이 너무 만연해서 4십만 마리의 코끼리만이 남아 있습니다.

Word

• slaughter : 도살하다 • poacher : 밀렵꾼 • trade : 거래하다 • ivory : 상아 • orphan : 고아 • vulnerable : 취약한, 연약한
• struggle to survive : 살아남으려고 몸부림치다 • foundation : 설립 • illegal : 불법의 • pervasive : 도처에 있는, 만연한

Many African elephants are killed by poachers. Naturally, young elephants become orphans. An organization raises these baby elephants and sends back them to the wild when they become adults. The organization raised about 200 elephants. However, that is not enough and only 400,000 elephants are left.

 많은 아프리카 코끼리가 밀렵꾼에 의해 도살당합니다. 그리고 어린 코끼리들은 고아가 됩니다. 한 단체가 아기 코끼리들을 키워서 어른 코끼리가 되면 야생으로 돌려 보냅니다. 이 단체는 약 200마리의 코끼리들을 키웠습니다. 하지만 그것으로는 충분하지 않아서 40만 마리의 코끼리들만 남았습니다.

🔊 mp3 file no.34

Why do poachers kill African elephants?
왜 밀렵꾼들이 아프리카 코끼리를 죽입니까?

They kill the elephants to gain and sell ivory.
상아를 얻어 팔기 위해서 죽입니다.

🔊 mp3 file no.35

Despite the effort by the organization, why are only 400,000 elephants left?
그 기관의 노력에도 불구하고 왜 오직 400,000마리의 코끼리만 남았습니까?

Because illegal poach is widespread.
왜냐하면 불법 밀렵이 널리 퍼져 있기 때문입니다.

5급

Poachers kill thousands of African elephants every year for the illegal ivory trade. Baby African elephants that lost their parents struggle to survive. An organization is helping these orphaned elephants. They have raised over 200 elephants since it was established in the1980s and they release elephants to the wild when they become adults. In spite of such efforts, only 400,000 African elephants are left because many more elephants are being killed by poachers.

해설 밀렵꾼들이 매 해 수 천 마리의 코끼리들을 죽이는데, 불법 상아 판매를 위해서입니다. 부모를 잃은 아기 아프리카 코끼리들은 살아남기가 힘듭니다. 한 조직이 이 고아가 된 코끼리들을 돕고 있습니다. 1980년에 설립된 이래로 200마리 이상의 코끼리를 키워 왔고, 어른이 되면 코끼리들을 야생으로 방출합니다. 하지만, 그들의 노력에도 불구하고 400,000마리의 코끼리만이 남아 있는데, 그 이유는 훨씬 더 많은 코끼리들이 밀렵꾼에 의해 도살당하기 때문입니다.

 mp3 file no.36

1 추가 질문

What do you think these people can do to save African elephants?
사람들이 아프리카 코끼리를 구하기 위해 무엇을 할 수 있다고 생각합니까?

People can save them by stopping buying ivory items. When there is no demand for ivory, poachers do not need to kill elephants to gain ivory.
사람들이 상아로 만든 제품을 사지 않음으로써 아프리카 코끼리들을 구할 수 있습니다. 상아에 대한 수요가 없다면 밀렵꾼들은 상아를 얻기 위해 코끼리들을 죽일 필요가 없습니다.

Listen to the passage and summarize it.
지문을 듣고 요약하십시오.

다음 글은 반려견이 소년을 구한 내용입니다. 소년이 어떤 위험에 처해 있었으며 반려견은 어떻게 소년을 구했는지 파악해 봅니다. 잘 들리지 않는 단어에 집착하여 흐름을 놓치지 말고, 들리는 단어들로 이야기를 만들어 봅니다.

🔊 mp3 file no.37

A pet dog saved the life of a five-year-old boy after he became trapped in a tumble dryer. The boy's mother was vacuuming when the incident happened. She only knew something was wrong when their dog, Teddy began to bark. 'Teddy was running up and down barking so I knew that there was something wrong and went down.', she said. She found his son, Riley inside the dryer in operation. She pulled him out and rushed him to the hospital. Riley suffered burns to his arms and back but his condition was comfortable.

해설 강아지가 드럼 세탁기에 갇힌 다섯 살 난 소년의 목숨을 구했습니다. 소년의 엄마는 그 사건이 일어났을 때 진공청소기로 청소를 하고 있었습니다. 그녀는 그들의 강아지인 테디가 짖기 시작했을 때 뭔가 잘못되었다는 것을 알게 되었습니다. '테디가 짖으면서 위아래로 뛰어다녔고, 그래서 뭔가 잘못되었다는 걸 알고 아래로 내려갔습니다.'라고 그녀가 말했습니다. 그녀는 그녀의 아들인 라일리가 작동 중인 세탁기안에 있는 것을 발견했습니다. 아들을 밖으로 꺼내서 병원으로 급히 데리고 갔습니다. 라일리는 팔과 등에 화상을 입었지만, 그의 건강은 양호한 상태였습니다.

Word ●- -

• save : 구하다　• life : 생명　• trapped in a tumble dryer : 드럼 세탁기에 갇힌　• vacuum : 진공 청소기를 이용해 청소하다
• incident : 사건　• something is wrong : 뭔가 잘못되다.　• in operation : 작동 중인　• pull out : 끄집어 내다
• rush A to the hospital : 서둘러 A를 데리고 병원에 가다　• suffer burns 화상을 입다　• condition : 건강 상태
• comfortable : 신체적으로 편안한

A dog saved a five-year-old boy. The dog found the boy inside a tumble dryer. It went to the boy's mother and barked. The mother realized there was a problem. She found her son and took him to the hospital. The boy got burns but he was O.K.

 해설 반려견이 다섯 살짜리 소년을 구했습니다. 개는 드럼 세탁기 안에 있는 소년을 발견하고, 소년의 엄마에게 가서 짖었습니다. 엄마는 문제가 있다는 것을 알게 되었고, 소년을 발견하게 되어 병원에 데리고 갑니다. 소년은 화상을 입었지만 괜찮았습니다.

🔊 mp3 file no.38

1
추가
질문
What was the boy's mother doing when the incident happened?
사건이 일어났을 때 소년의 엄마는 무엇을 하고 있었습니까?

She was vacuuming.
청소기로 청소를 하고 있었습니다.

5급

A pet dog saved the life of a five-year-old boy. The boy happened to be inside a tumble dryer and the machine started with him. The dog, Teddy saw it and let the boy's mother know the danger facing the boy. It barked loudly. The mother who was vacuuming hurried to the basement to find the boy. The boy's condition was O.K. except for some burns to his arms and back.

 한 반려견이 다섯 살 난 소년의 목숨을 구했습니다. 그 소년은 우연히 드럼 세탁기에 들어갔고, 기계가 작동했습니다. 그 강아지 테디가 그것을 보고 소년의 엄마에게 가서 소년이 처한 위험을 알립니다. 테디가 매우 크게 짖어댔습니다. 진공 청소기로 청소를 하고 있는 소년의 엄마는 급히 지하로 내려가 소년을 발견했습니다. 소년의 건강 상태는 괜찮았지만 팔과 등에 화상을 입었습니다.

 mp3 file no.39

1
추가
질문

Have you ever had a pet?
반려동물을 키운 적이 있습니까?

Yes. I had a pet when I was young but I don't have any pets now. I live in an apartment so I am not allowed to have one. However, I am thinking of buying some fish which are very quiet.
네, 어렸을 적에 있었는데 지금은 없습니다. 아파트에서 살고 있어서 반려동물을 키우지 못합니다. 하지만 아무 소리 안 내는 물고기를 살까 생각 중입니다.

다음 글은 중국의 국가 여유국이 중국의 해외 여행객을 위한 지침을 내놓았다는 내용입니다.
어떤 지침을 내놓았으며, 이런 지침이 내려진 배경을 파악해 봅니다.

🔊 mp3 file no.40

China's National Tourism Administration issued strict guidelines on how to behave while traveling. Chinese tourists are warned against rude behaviors such as peeing in a swimming pool and stealing life jackets from planes. When they do such behaviors, they will be on the blacklist of rude tourists and their tour operators will be fined. The guidelines came after Chinese misbehaviors made headlines worldwide such as defacing an ancient Egyptian temple and throwing boiling water on a flight attendant.

> **해설** 중국 국가 여유국이 여행 중에 어떻게 행동해야 하는지에 관한 엄격한 지침을 발표했습니다. 중국 관광객들은 수영장에서 소변을 보거나 또는 비행기에서 구명조끼를 훔치는 등의 무례한 행위를 하지 못하게 되어 있습니다. 만일 그러한 행동을 할 때, 무례한 관광객 블랙리스트에 오르게 되고, 그들에게 여행을 알선한 여행사는 벌금을 내야 합니다. 이런 가이드라인은 중국인 관광객의 나쁜 행위가 세계 각국의 신문의 헤드라인을 장식한 후에 나왔는데, 헤드라인 중에는 고대 이집트 사원에 낙서를 하거나 비행기 승무원에게 뜨거운 물을 던진 것 등이 있습니다.

Word

- China's National Tourism Administration : 중국 국가 여유국   • issue : 발표하다   • strict guidelines : 엄격한 지침
- warn against : 하지 말라고 경고하다   • rude behaviors : 무례한 행동   • peeing in a swimming pool : 수영장에서 소변보기
- stealing life jackets from planes : 비행기에서 구명 조끼 훔치기   • be on the blacklist : 블랙리스트에 오르다
- tour operator : 패키지 여행을 전문으로 하는 여행사   • fine : 벌금을 부과하다   • make headlines : 헤드라인을 장식하다
- deface : (무엇의 표면에 글을 쓰거나 그림을 그리거나 하여) 외관을 훼손하다   • flight attendant : 비행기 승무원

China released guidelines on how to behave while travelling. When they misbehave, tourists will be placed on a blacklist. The reason why the Chinese government issued such guidelines is because some tourists damaged an Egyptian temple and acted rudely to flight attendants.

해설 중국이 여행하는 중에 어떻게 행동해야 하는지에 대한 지침을 내놓았습니다. 여행객들이 잘못된 행동을 하면, 그들은 블랙리스트에 오르게 됩니다. 중국 정부가 이러한 지침을 내놓은 이유는 몇몇 여행객들이 이집트 사원을 손상시키고 비행기 승무원에게 무례하게 굴었기 때문입니다.

 mp3 file no.41

1 추가 질문

What is an example of misbehaviors while traveling?
여행 중의 무례한 행동의 예는 무엇입니까?

Peeing in a swimming pool or stealing a life jacket from planes.
수영장에서 소변을 보거나, 비행기에서 구명 조끼를 훔치는 것입니다.

 mp3 file no.42

2 추가 질문

Have you ever met a rude passenger on board?
기내에서 무례한 승객을 만난 적이 있습니까?

Yes, I have seen a drunken passenger make a noise asking more alcohol.
네, 술 취한 승객이 술을 더 달라고 소란을 피우는 걸 본 적이 있습니다.

 Word

• misbehave : 못된 짓을 하다 / 비행을 저지르다

5급

China's Tourism Office issued guidelines to prevent Chinese tourists from being rude while travelling. The guidelines include warnings against urinating in a swimming pool and stealing life jackets. If they behave rudely, tourists can be placed on a blacklist. The issueing of such guidelines resulted from some misbehaviors that had appeared on the newspapers across the world. The articles reported that Chinese tourists had defaced an Egyptian temple and had thrown hot water on a flight attendant.

해설 중국의 관광청이 중국인 관광객들이 여행 중에 무례하게 행동하는 것을 방지하기 위해 가이드라인을 발표했습니다. 가이드라인은 수영장에서 소변을 보거나, 구명조끼를 훔치지 못하도록 하는 경고를 포함하고 있습니다. 만일 관광객들이 무례하게 행동하면 블랙리스트에 올라갑니다. 이런 가이드라인이 발표된 것은 몇몇 잘못된 행동이 세계 각국의 신문에 등장했기 때문입니다. 기사들이 보도한 내용은 중국인 관광객들이 이집트 사원을 더럽히고 뜨거운 물을 비행기 승무원에게 던진 것이었습니다.

🔊 mp3 file no.43

1 추가 질문

Have you ever experienced an embarrassing moment while traveling?
여행 중에 당황스러웠던 순간이 있었습니까?

I haven't.
아니 없었습니다.

🔊 mp3 file no.44

2 추가 질문

What is your memorable experience while traveling?
여행 중에 기억에 남는 경험은 무엇입니까?

When I was travelling in Melbourne Australia, I was lost. I didn't rent a car so I travelled using the public transportation. I was looking for a spa, which was far away from the train station. I called a taxi company but there were no available ones. I was sitting on the floor then a lady came to me and asked what the problem was. I told her that I was lost and she offered me a lift.
제가 호주 멜버른을 여행하고 있었을 때 길을 잃었습니다. 전 렌터카를 빌리지 않아서 대중 교통을 이용해서 여행을 했습니다. 스파를 찾고 있었는데, 기차역에서 매우 멀었습니다. 택시 회사에 전화를 했으나, 택시가 없었습니다. 그래서 그냥 땅바닥에 앉아 있었는데, 한 여인이 내게 다가와 무슨 문제냐고 물었고, 제가 길을 잃었다고 하니 차를 태워 줬습니다.

사회 현상에 대한
의견 말하기

3-1 환경에 대하여

 문제 유형 소개

환경의 문제는 크게 우리 주변에서 스스로 환경을 보호할 수 있는 방법에 대한 의견을 묻는 질문으로 이루어 집니다. 예를 들어 '환경을 보호할 수 있는 최상의 방법은 무엇이라고 생각합니까?'와 같은 질문이 출제됩니다. 자주 출제되는 문제는 아니지만 준비해 두지 않으면 답변하기 어려우므로, 이와 관련한 어휘를 익히는 것이 중요합니다.

 어떻게 답변할까?

환경 문제는 어렵고 모호한 아이디어보다는 명확하고 쉬운 아이디어를 정확한 어휘 사용으로 표현하는 것이 중요합니다. 예를 들어 '쓰레기 종량제가 사람들을 재활용하도록 하나요?'의 질문에서 '종량제 시스템을 통해 환경을 보호하고 이를 위해 재활용의 필요성을 인식하게 되었습니다.'라는 답변이 적절합니다.

Q1

What do you think the best way to protect the environment?

환경을 보호할 수 있는 최상의 방법은 무엇이라고 생각합니까?

4급 People need to less consume less. When people buy something, they are producing garbage. For example, when I buy potato chips, I will throw away the container when I finish them. The container will remain for decades and will pollute the environment.

해설 사람들이 소비를 덜 할 필요가 있습니다. 사람들이 무엇인가를 사면, 쓰레기를 배출하게 되어 있습니다. 예를 들면, 제가 감자칩을 사면 다 먹고 나서 통은 버리게 됩니다. 그 통은 수십 년간 남아 있고 환경을 오염시킬 것입니다.

5급 It is important for people to consume less to protect the environment because purchasing something and consuming it entails producing garbage. For example, when I buy potato chips I cannot eat its container. That means, the container will be thrown away to a bin and will take decades to degrade it. So, my consumption has a negative impact on the environment.

해설 사람들이 환경을 보호하기 위해서는 덜 소비하는 게 중요합니다. 왜냐하면 뭔가를 구매하고 소비하는 것이 쓰레기 배출을 수반하기 때문입니다. 예를 들면, 제가 감자칩 한 봉지를 사면 저는 봉지를 먹지는 못합니다. 즉, 봉지는 쓰레기통에 버려지고 분해되는 데 수십 년이 걸립니다. 그래서 제 소비는 환경에 부정적인 영향을 끼치게 됩니다.

Word

• garbage : 쓰레기 • container : 용기, 그릇 • remain : 남아 있다 • purchase : 구매하다 • consume : 소비하다
• entail : 수반하다 • throw away : 버리다 • degrade : 분해하다

Q2

Does the pay-as-you-throw system encourage people to recycle?
쓰레기 종량제가 사람들을 재활용하도록 하나요?

4급

I think the system is helpful. My neighbors and I try to recycle paper, bottles, and cans to reduce the amount of garbage. When the system was introduced people seemed to recycle to save money spend on garbage bags. Now, however, people are more concerned about the environment. I guess the system made people to think about the environment.

해설 저는 종량제가 도움이 된다고 생각합니다. 제 이웃들과 저는 쓰레기의 양을 줄이기 위해서 종이, 병, 캔을 재활용하고자 노력하고 있습니다. 이 시스템이 시작됐을 때에는 쓰레기 봉투를 사는 돈을 절약하기 위해서 재활용했던 것 같습니다. 하지만, 지금은 환경을 염려하고 있습니다. 종량제가 사람들이 환경에 대해 생각하게 만든 것 같습니다.

5급

I think the system encourages people to recycle. I live in an apartment so my neighbors and I have to sort our garbage for recycling. Otherwise, we are shamed and fined. When the system was first introduced, people were eager to recycle their garbage to save money spent on garbage bags. However, they became aware of necessity of the recycling for the protection of the environment thanks to system. Without the system, they wouldn't have realized that.

해설 종량제가 사람들이 재활용하도록 격려한다고 생각합니다. 저는 아파트에 살고 있는데, 제 이웃들과 저는 재활용을 위해서 쓰레기를 분류해야 합니다. 그렇지 않으면, 비난을 받고 벌금도 내야 합니다. 종량제가 처음 도입되었을 때에는 사람들이 쓰레기 봉투에 드는 돈을 아끼기 위해서 재활용을 하려고 열심이었습니다. 하지만 종량제 덕분에 환경을 보호하기 위해서는 재활용이 필요하다는 것을 알게 되었습니다. 만약 이 제도가 없었다면, 사람들은 그것을 깨닫지 못했을 것입니다.

Word

• pay-as-you-throw system : 쓰레기 종량제   • recycle : 재활용하다   • garbage : 쓰레기   • sort : 분류하다
• introduce : 도입하다   • necessity : 필요   • realize : 깨닫다

문제 유형 소개

현재 우리가 살고 있는 나라, 대한민국의 문화 풍습에 대한 의견을 묻는 질문으로 이루어 집니다. 예를 들어 '한국의 전통적인 가족 행사를 소개해 주시겠습니까?' 같은 질문이나, 더욱더 구체적으로는 '한국의 문화가 당신의 자녀가 성장하기에 좋다고 생각합니까?'와 같은 문제들이 출제됩니다.

어떻게 답변할까?

한국의 다양한 문화를 한 번에 설명하려고 하기보다는 특정한 문화 현상을 지정해 명확하고 쉬운 표현으로 설명하는 것이 중요합니다. 일례로, 돌잔치에 대한 설명을 하면서 행사의 모든 측면을 나열하기보다는 돌잡이는 돌잔치에서만 진행되는 이벤트임을 주지시키고 이에 대하여 설명하는 것이 영어로 표현하기에 보다 용이합니다.

Q1 Could you introduce a Korean traditional family event?
한국의 전통적인 가족 행사를 소개해 주시겠습니까?

I would like to introduce you an event held on the first birthday. It is called Dol-Jap-I. Parents place items such as a book, money, a thread or a microphone on the table. They have their baby choose one and guests predict the baby's future. For example if the baby chooses a book, he or she will be a good student. It's very unique and an interesting event.

해설 첫 번째 생일 파티의 이벤트를 소개하고 싶습니다. '돌잡이'라고 부릅니다. 부모는 책, 돈, 실, 마이크와 같은 물건을 상에 놓습니다. 아기가 하나를 고르게 하고 파티에 참석한 사람들은 아기의 미래를 예측합니다. 예를 들어 아기가 책을 고르면, 공부를 잘하게 되는 것입니다. 매우 독특하고 흥미로운 전통입니다.

The event I would like to introduce is a special one held during a first birthday. In the event that is called Dol-Jap-I, parents have their baby choose one item from many on a table. The items include a book, money, thread or a microphone. The event is to predicting the baby's future and wishing good luck. When the baby chooses a book, his or her parents and guests will foretell that he or she will be a good student and pray for him or her.

해설 제가 소개하고 싶은 행사는 첫 번째 생일 파티의 특별한 행사입니다. 돌잡이라고 부르는 이 행사에서 부모들은 그들의 아기에게 테이블에 있는 많은 물건 중에 하나를 고르게 합니다. 그 물건들은 책, 돈, 실 또는 마이크 등입니다. 이 행사는 아이의 미래를 예측하고, 행운을 빌어주기 위한 것입니다. 아기가 책을 고르면, 아기의 부모와 행사에 참여한 손님들은 아기가 공부를 잘하게 되리라 예측하고 행운을 빌어 줍니다.

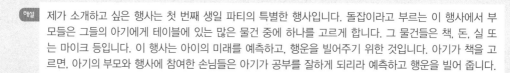

• event : 행사　• thread : 실　• predict : 예측하다　• wish a good luck : 행운을 빌다　• guest : 손님

Q2

Do you think that the Korean culture is good for your children to grow up?

한국의 문화가 당신의 자녀가 성장하기에 좋다고 생각합니까?

No, I don't. I don't want to raise my children in Korea because I think Korean culture is a little bit rigid. Everyone seems to have the same goal. It is either working for a big company or making a lot of money. I want my children to have their own unique goals.

> **해설** 아니요. 저는 한국에서 제 아이들을 키우고 싶지 않습니다. 왜냐하면, 한국 문화가 조금 경직되어 있다고 생각하기 때문입니다. 모든 사람들이 똑같은 목표를 가지고 있는 것 같습니다. 그것은 큰 회사를 들어가고 나 많은 돈을 버는 것입니다. 저는 제 아이들이 자신의 목표를 가지기를 원합니다.

No. I don't think Korean culture is good for my children to grow up in. This is because Korea fails to support its young people. Consequently, they get disappointed and want to leave Korea. Everyone seems to want to work for a big company, or become a doctor or a lawyer. They seem to think this is the only way for a stable career. I would like my children to pursue their own dreams.

> **해설** 아닙니다. 저는 한국 문화가 아이들이 자라기에 좋다고는 생각하지 않습니다. 그 이유는 한국은 젊은이들을 지지하지 못하기 때문입니다. 그래서 젊은이들이 낙담하고 한국을 떠나고 싶어 합니다. 모든 사람들이 큰 회사에서 일하고 의사나 변호사가 되는 것을 원하는 것 같습니다. 그것이 안정적인 직업을 갖는 유일한 방법이라고 생각하는 것 같습니다. 저는 제 아이들이 자신의 꿈을 추구했으면 좋겠습니다.

Word

• rigid : 경직된 • disappointed : 낙담한, 실망한 • stable : 안정적인 • pursue : 추구하다

Q3

How do Korean people celebrate their birthdays?
한국인들은 생일을 어떻게 기념합니까?

Korean people celebrate their birthdays with their family and friends. They eat out and have drinks. They also get presents from their family and friends.

> 해설 한국인들은 생일을 가족, 친구들과 함께 기념합니다. 외식을 하고 술을 마십니다. 또한 가족들과 친구들에게 선물도 받습니다.

The way Korean people celebrate their birthdays is not to different. They have a party in a restaurant and invite their family or friends who prepare presents. They enjoy the food and drinks together. That's all.

> 해설 한국인들이 생일을 기념하는 방법은 특별하지 않습니다. 식당에서 파티를 하고 가족들과 친구들을 초대합니다. 가족과 친구들은 선물을 준비합니다. 그들은 함께 음식과 술을 즐깁니다. 그게 전부입니다.

Word

• celebrate : 기념하다   • prepare : 준비하다

3-3 기술발전에 대하여

문제 유형 소개

이 유형의 문제들은 사회 현상에 대한 의견을 묻는 질문으로 이루어집니다. 예를 들어 '컴퓨터의 장단점이 무엇이라고 생각합니까?' 같은 질문이나, 어떤 상황을 주고 그 상황에서 어떻게 할지를 묻는, '만약 당신에게 더 많은 여가 시간이 주어진다면, 그 시간을 어디에 쓰겠습니까?'와 같은 문제들이 출제됩니다. 범위가 넓어 준비하기에 힘들다고 느껴질 수 있겠지만, 한 번쯤은 생각해봤을 문제가 출제됩니다.

어떻게 답변할까?

어렵고 모호한 아이디어보다는 명확하고 쉬운 아이디어로 표현하는 게 중요합니다. 예를 들어서 컴퓨터의 장점을 이야기하면서 '컴퓨터는 사무 자동화에 일조했지만, 탈인간화된 사회를 가져왔습니다.'라는 답변보다는 '컴퓨터는 직장인들이 일을 더 효율적으로 할 수 있게 도와주었지만, 또한 컴퓨터 때문에 인간이 소외감을 느끼기도 합니다.'라는 답변이 영어로 표현하기가 쉽습니다.

Q1

Do you agree with the opinion that technological advancement is a boon for mankind?

기술의 발전이 인류에게 이롭다는 주장에 동의합니까?

Yes, I agree with the opinion. Technological advancement led people to live longer. For example, people have more chances to survive serious condition such as cancer thanks to advanced medical technology. However, negative aspects such as online banking fraud appeared as well.

> **해설** 네, 저는 그 의견에 동의합니다. 기술 발전이 사람들을 더 오래 살게 했습니다. 예를 들면, 사람들은 진보된 의학 기술 덕분에 암과 같은 심각한 질병으로부터 살아남을 수 있는 확률이 더 높아졌습니다. 하지만 온라인 뱅킹 사기와 같은 부정적 측면도 나타났습니다.

Yes, I think technological advancement is a boon in that it has contributed to extended life expectancy. Indeed, advanced medical technology has increased the rate of survival among cancer patients. On the other hand, it is also a bane for humans. For example, while people can easily transfer money by using the online banking system without having to visit a bank, they sometimes because a target or a victim to online banking fraud.

> **해설** 네, 저는 기술 진보가 늘어난 기대 수명에 기여했다는 점에서 축복이라고 생각합니다. 정말로, 암 환자들 사이의 생존율을 증가시켰습니다. 다른 한편, 기술 진보는 골칫거리이기도 합니다. 예를 들어서 사람들은 은행에 가지 않고 온라인 뱅킹을 통해서 돈을 송금할 수 있는 반면, 온라인 뱅킹 사기의 표적이나 희생자가 되기도 합니다.

Word

- technological advancement : 기술 진보   • survive : 생존하다   • cancer : 암   • condition : 병   • fraud : 사기
- life expectancy : 기대 수명   • indeed : 정말로   • rate of survival : 생존율   • cancer sufferer : 암 환자   • target : 표적
- victim : 희생자

Q2

Do you think smartphone addiction should be dealt with like other addictions such as gambling and alcohol ones?
스마트폰 중독이 도박 중독, 알코올 중독 등의 다른 중독처럼 취급되어야 한다고 생각합니까?

Well, I am not sure. However, I know that it is a serious problem. My niece is a high school student. She is always looking at her phone. Once, she forgot her phone and went to school. During lunch time, she came back home to get her phone. It is really serious. I am not sure if there is a hospital to treat this, but if so, I think she needs to see a doctor.

> 해설 음, 잘 모르겠습니다. 하지만, 심각한 문제라는 것은 알고 있습니다. 제 조카는 고등학생인데, 항상 전화기를 쳐다보고 있습니다. 한 번은 집에 전화기를 두고 학교에 갔는데, 점심시간에 전화를 가지러 집에 왔습니다. 정말 심각합니다. 이를 치료하는 병원이 있는지는 모르겠지만, 만일 있다면 제 조카가 의사의 진찰을 받을 필요가 있다고 생각합니다.

Yes. It should be dealt with in the same manner as other addictions because I know how serious the issue is. For example, my niece, a high school student, is addicted to her phone. She can't do anything without her smart phone. When she studies, she always looks at it and even when she has a shower, she takes it to the bathroom. If she forgets her phone at home and goes to school, she returns home to fetch it. I found it really serious. I am not sure if there are hospitals treating this addiction out there, I would like my niece to see a doctor and get an examination.

> 해설 네. 다른 중독과 같은 방법으로 취급되어야 합니다. 왜냐하면, 이 문제가 얼마나 심각한지 알고 있기 때문입니다. 예를 들면, 고등학생인 제 조카는 휴대전화에 중독되어 있습니다. 휴대전화 없이는 아무것도 할 수 없습니다. 공부할 때에도 휴대전화를 쳐다보고 있고 심지어 샤워할 때에도 욕실에 휴대전화를 가지고 갑니다. 만일 집에 휴대전화를 두고 학교에 가면 그걸 가지러 집에 옵니다. 정말 심각하다고 생각합니다. 이런 중독을 치료하는 병원이 있는지는 모르겠지만, 제 조카가 병원에 가서 진료를 받았으면 좋겠습니다.

Word

• treat : 치료하다 • see a doctor : 진료받다, 병원에 가다 • niece : 조카 • addicted to : 중독된
• fetch : (어디를 가서) 가지고[데리고/불러] 오다

Q3

Currently, doctors sometimes use a machine during an operation to increase the success rate. Do you expect machines will replace doctors in the future? So, are you willing to get surgery from them?

현재, 의사들은 때때로 성공률을 올리기 위해 수술 중에 기계를 사용합니다. 미래에 기계가 의사를 대체할 수도 있습니다. 그렇다면, 당신은 기꺼이 그들에게 수술을 받겠습니까?

I heard that a machine is used in difficult operation. I am not sure if machines will replace doctors in the future, but if so, I wouldn't get an operation. As long as a doctor operates the machine, it is O.K. However, if the machine operates itself and perform surgery, I won't get an operation. I cannot trust machines because they don't have skills like doctors.

> 해설 어려운 수술에서 기계가 사용된다는 것을 들었습니다. 기계가 미래에 의사를 대체할 수 있는지 어떤지는 확신할 수 없습니다. 하지만, 만약 그렇게 된다면, 저는 수술을 받지 않을 것입니다. 의사가 기계를 작동하는 한, 그것은 괜찮습니다. 하지만, 기계 스스로가 작동을 하고 수술을 한다면, 전 수술을 받지 않을 것입니다. 기계를 믿을 수 없습니다. 왜냐하면 의사가 가진 기술을 갖지 않았기 때문입니다.

I cannot expect machines to replace doctors in an operating room. Of course, I know some machines are used by some surgeons but they are used only to assist in the operation. For example, they use a machine to get access to a certain area in the body, which would otherwise require a scalpel. However, machines cannot replace doctors who have a lot of experience and knowledge in the medical field.

> 해설 기계가 수술실에서 의사를 대체하리라 기대할 수 없습니다. 물론, 외과의사에 의해서 몇몇 기계가 사용된다는 것은 알고 있지만, 오직 수술을 보조하기 위해서만 쓰이는 것입니다. 예를 들어서, 의사들은 신체의 어떤 부분에 접근하게 하려고 기계를 씁니다. 그렇지 않다면, 칼을 대는 수술을 해야 할 것입니다. 하지만, 기계가 의학분야에서 많은 경험과 지식을 가진 의사들을 대체할 수 없습니다.

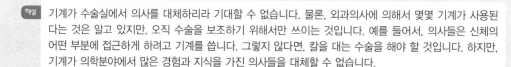

Word

- replace : 대체하다 • operation : 수술 • machine : 기계 • operate : 작동하다 • perform surgery : 수술을 하다
- assist : 돕다 • get access to : 접근하다 • intrusive : 침입적인, 칼을 대서 수술을 하는 • in the medical field : 의학 분야

Q4

Compared to the past, people get information easily through the Internet. Do you think this information is reliable?

과거에 비해 사람들은 인터넷을 통해 정보를 쉽게 얻습니다. 이런 정보가 믿을 수 있다고 생각합니까?

 4급

No. I don't think the information on the Internet is reliable. Last year, I went to Taiwan. I wanted to buy contact lenses because they are much cheaper there. Before going to the lens shop, I searched for it on the Internet and found that it was near the night market. However, when I got there, I couldn't find it and wandered for hours. Later, I learned that the shop was closed.

> **해설** 아닙니다. 인터넷에서의 정보가 믿을 만하다고 생각할 수 없습니다. 작년에, 대만에 갔습니다. 저는 렌즈를 사고 싶었는데, 렌즈가 거기에서 훨씬 쌌기 때문입니다. 렌즈 가게에 가기 전에 저는 인터넷으로 찾아보고 야시장 근처에 있다는 것을 알았습니다. 하지만 제가 거기 갔을 때에는, 가게를 발견할 수 없었고, 수 시간을 헤맸습니다. 나중에 저는 그 가게가 문을 닫았다는 것을 알게 되었습니다.

 5급

No. Not all the information on the Internet is reliable. Some experts provide more accurate information but others post unproven information. Last year, I went to Taiwan for vacation, where I wanted to buy some contact lenses that are much cheaper there, but in vain. I was sure the shop that I had searched for the day before on the Internet was near the night market but I couldn't find it only to wander for hours. Later, I learned that the shop was closed.

> **해설** 아닙니다. 인터넷에 있는 모든 정보가 믿을 만한 것은 아닙니다. 몇몇 전문가가 보다 정확한 정보를 제공하지만 다른 사람들은 증명되지 않은 정보를 올립니다. 작년에, 저는 휴가로 대만에 갔습니다. 거기에서 훨씬 싼 렌즈를 사고 싶었으나 허사였습니다. 저는 그 전날 인터넷에서 찾아온 가게가 야시장 근처에 있다고 확신했지만, 찾지 못하고 몇 시간을 헤맸습니다. 후에 저는 그 가게가 문을 닫았다는 것을 알게 되었습니다.

Word

• reliable : 신뢰할 수 있는, 믿을 수 있는 • wander : 헤매다 • expert : 전문가 • post : 글을 올리다 • unproven : 증명되지 않은
• in vain : 헛되이

Q5

What are advantages and disadvantage of electronic books?
전자책의 장점과 단점은 무엇입니까?

 4급

An advantage of electronic books is that, they are cheaper than printed book. I can download an electronic book with only 7,000 won. However, when I buy a printed book, I have to pay more than 10,000 won. For the disadvantage is that, I can't read an electronic book for long because reading a book on the screen gets me easily tired.

> **해설** 전자책의 장점으로는 종이책보다 가격이 싸다는 것입니다. 저는 전자책을 7천 원이면 다운받을 수 있습니다. 하지만, 제가 종이책을 살 때에는 만 원 이상을 지불해야 합니다. 단점으로는, 전자책은 오래도록 읽을 수 없다는 것입니다. 스크린에서 책을 읽는 것이 저를 쉽게 피로하게 합니다.

 5급

First, electronic books are cheaper and more convenient compared to printed books. I can download an electronic book at half the price of a printed book. Moreover, I don't need to carry around a cumbersome book and can access the electronic book with my smartphone. On the other hand, reading a book on the screen is tiring to my eyes so I can't read it for long time.

> **해설** 우선, 전자책은 종이책에 비해 가격이 싸고 편리합니다. 종이책의 반값으로 전자책을 다운받을 수 있습니다. 또한, 무거운 책을 가지고 다닐 필요도 없습니다. 제 스마트폰으로 전자책을 읽을 수 있기 때문입니다. 반면에, 스크린으로 책을 읽는 것은 제 눈을 피로하게 만들어서, 전자책을 장시간 읽을 수는 없습니다.

Word

• electronic book : 전자책　• printed book : 종이책　• download : 다운로드하다　• for a long time : 장시간 동안　• tired : 피로한
• convenient : 편리한　• at half the price of : 반값으로　• cumbersome : 크고 무겁고, 다루기 힘든　• tiring : 피곤함을 주는

Q6

What do you think of gambling?
도박에 대해 어떻게 생각하십니까?

도박에 대한 의견을 묻는 질문으로, 일반적으로 도박은 부정적이란 인식을 갖고 있기에, 긍정적으로 이야기할지 부정적으로 이야기할지 고민할 필요는 없습니다. 도박에 중독되면 자신과 가족을 망칠 수 있다는 아이디어로 답변을 구성합니다.

It is OK when people plays cards for fun. For instance, my family would plays cards when we get together on a holiday. That's not gambling. However, some people gamble to make a fortune and it because dangerous when people get addicted to gambling. They cannot quit gambling once they become addicts. They play only to lose money. In the end, they ruin their families and lives.

해설 사람들이 재미로 카드 게임을 하는 건 괜찮습니다. 예를 들면 제 가족들은 휴가 동안에 모이면 카드 게임을 하곤 합니다. 그것은 도박은 아닙니다. 하지만 몇몇 사람들은 큰 돈을 벌기 위해 도박을 하며 사람들이 도박에 중독될 때에는 위험합니다. 일단 중독자가 되면 도박을 끊을 수 없습니다. 게임을 하지만 돈을 잃기만 합니다. 결국엔, 가족과 삶을 망치게 됩니다.

Playing cards can be a game that families can enjoy when they get together on a holiday however, gambling is a dangerous addiction that ruins people and their families. People who get addicted to gambling play to make a fortune but only to lose. No matter how hard they try, they cannot quit gambling and end up putting themselves in a mire.

해설 카드 놀이를 하는 것은 휴가 동안 가족들이 모이면 즐길 수 있는 오락인 반면에, 도박은 사람들과 그들의 가족을 망치는 위험한 중독입니다. 도박에 중독된 사람들은 큰 돈을 벌려고 도박하지만 돈을 잃을 뿐입니다. 아무리 노력을 해도, 도박을 끊을 수 없고 결국엔 자신들을 수렁에 빠뜨리게 합니다.

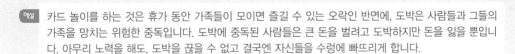

Word

• play cards : 카드놀이를 하다　• make a fortune : 큰 돈을 벌다　• get addicted to : 중독되다　• quit gambling : 도박을 끊다
• addict : 중독자 / addiction : 중독　• ruin : 망치다　• pastime : 오락　• put … in the mire : …를 수렁에 빠뜨리다

Q7

Do you think that stock investment is a kind of gambling?
주식 투자가 일종의 도박이라고 생각하십니까?

도박에 대한 의견을 묻는 질문에서 더 나아가 주식 투자가 도박이라고 생각하느냐는 질문입니다. '주식 투자가 도박이다.' 또는 '도박이 아니다.'라는 두 가지 대답 중에 자신의 의견보다는 자신이 대답하기 쉬운 쪽의 대답을 선택해야 합니다. 즉, 주식 투자는 도박과는 다르다고 설명하고 싶지만, 두 가지 차이점을 영어로 설명하기 힘들면 '주식투자 역시 도박이다.'라는 대답을 구성하는 것이 좋습니다. 여기에서는 두 개의 답변 모두 다루어 보겠습니다.

I think stock investment is a kind of gambling. This is because it is addictive. Some people do nothing but think about the stock they bought on the stock market. They are only interested in the price of the stock. It is impossible for them to maintain a normal life. That's why I think stock investment is gambling.

해설 저는 주식 투자가 도박이라고 생각합니다. 그 이유는 중독적이기 때문입니다. 어떤 사람들은 주식 시장에서 자신이 산 주식에 대해서만 생각하고, 주식 가격에만 관심을 갖습니다. 정상적인 생활을 영위할 수 없습니다. 따라서 주식 투자가 도박이라고 생각합니다.

Stock investment is a kind of gambling in that it is addictive. Some people who invest in the stock market keep checking for the price of stocks they bought throughout the day. This keeps them from focusing on their daily lives or career. This is why stock investment is gambling.

해설 주식 투자는 중독성이 있다는 점에서 도박입니다. 주식 시장에 투자한 사람들은 자신이 산 주식 가격을 하루 종일 체크합니다. 이로 인해 그들의 일상 생활이나 직장 생활에 집중하지 못합니다. 따라서 주식 투자는 도박입니다.

 Word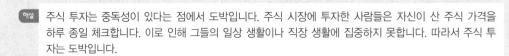

• addictive : 중독성 있는   • do nothing but… : …하기만 하다   • be interested in : 관심이 있다   • the price of stock : 주식 가격

4급

I don't think stock investment is gambling. Gambling is a game of chance. Moreover, whether people win or lose money in a casino depends on their luck. On the other hand, people invest money in the stock market after studying a company's sales report and growth potential. Therefore, stock investment is different from gambling.

> **해설** 주식 투자가 도박이라고는 생각하지 않습니다. 도박은 확률 게임입니다. 또한, 카지노에서 사람들이 돈을 따거나 잃는 것은 그들의 운에 달려 있습니다. 반면에 사람들은 회사의 판매 실적과 성장 가능성을 연구한 후에 주식 시장에 돈을 투자합니다. 따라서 주식 투자는 도박과는 다릅니다.

5급

Stock investment is not gambling. Gambling is a game of chance where people win or lose money depending on their luck, while stock investing is an investment a company that has sound sales records and growth potential. That's why stock investment is different to gambling.

> **해설** 주식 투자는 도박이 아닙니다. 도박은 사람들이 운에 따라 돈을 벌고, 잃는 확률 게임인 반면에 주식 투자는 건전한 판매 실적과 성장 가능성을 가진 회사에 투자하는 것입니다. 그런 이유로 주식 투자는 도박과 다릅니다.

Word

· stock investment : 주식 투자 · win / lose money : 돈을 따다/잃다 · depend on : 에 달려있다. · luck : 운
· invest money in the stock market : 주식에 돈을 투자하다 · sales record : 판매 실적 · growth potential : 성장 잠재력
· be different from : …와 나르나

Q8

What are some advantages and disadvantages of the Internet?
인터넷의 장점과 단점은 무엇입니까?

인터넷이 생활과 밀접하게 연결되어 있어서 장점과 단점을 떠올리는 것은 어렵지 않습니다. 하지만 장점과 단점을 나열하기보다는 하나의 장점과 단점을 이야기하고 그에 대한 예시를 제시하는 것이 논리적이고 정리된 답변입니다.

As for the advantage, the Internet made people's lives more convenient. For example, when I plan to travel abroad, I can easily compare the ticket prices from different airlines. Then, I can choose the cheapest ticket and book it with just one click. However, there are also some disadvantages. Some people may lose their jobs because of the Internet. There are fewer travel agents compared to the past since people go online to book a ticket.

> 해설   장점으로는, 인터넷이 사람들의 삶을 더 편리하게 만들었다는 것입니다. 예를 들어 제가 해외여행을 계획하면, 저는 다른 항공사의 항공권 가격을 쉽게 비교할 수 있고, 그러고 나서 가장 싼 티켓을 선택해서 클릭 한 번으로 예약을 할 수 있습니다. 하지만 단점도 있습니다. 어떤 사람들은 인터넷 때문에 직업을 잃을지도 모릅니다. 사람들이 티켓을 온라인으로 예약하기 때문에 옛날에 비해 여행사 직원 수가 줄었습니다.

One of the biggest advantages of the Internet is that the Internet has made people's lives more convenient, whereas it has also replaced people in some jobs. For example, it makes it easier for people to compare airfares from different airlines and to book the cheapest ticket. At the same time, however, it is replacing travel agents.

> 해설   인터넷의 가장 큰 장점 중 하나는 인터넷이 사람들의 삶을 더 편리하게 해줬다는 것인데, 반면에 어떤 직업에서는 인터넷이 사람들을 대체하고 있습니다. 예를 들면, 사람들이 다른 항공사의 항공 요금을 비교하게 하고 가장 싼 표를 예약하게 하는 걸 쉽게 해줍니다. 하지만 동시에 여행사 직원을 대체하고 있습니다.

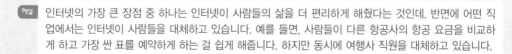

Word

• convenient : 편리한   • travel abroad : 해외여행을 가다   • compare : 비교하다   • airlines : 항공사   • book : 예약하다
• with one click : 클릭 한 번으로   • travel agent : 여행사 직원   • airfare : 항공요금

Q9

Do you think that artists and musicians are beneficial to society?
미술가와 음악가들이 사회를 이롭게 한다고 생각하십니까?

미술가나 음악가들은 창조적인 예술 활동을 하는 사람들이므로, 미술가와 음악가들이 사회를 이롭게 하냐고 묻는 것은 곧 그들의 창작 활동이 사회를 이롭게 하느냐라는 질문이라고 보셔도 됩니다. 이롭다고 대답을 하실 경우에는 '사회를 아름답게 한다'거나 '삶을 풍요롭게 만든다'라고 하는 추상적인 대답보다는 좀 더 구체적인 대답이 쉽습니다.

Yes, I think artists and musicians are beneficial to society. Their work help people relieve stress. People can relax by listening to music and appreciating paintings. In my case, I go to a concert or a museum on weekends to relieve stress.

> 해설 네, 미술가와 음악가들이 사회에 이롭다고 생각합니다. 그들의 작품은 사람들이 스트레스를 줄이는 데 도움을 줍니다. 음악을 듣고 미술품을 감상함으로써 긴장을 풀 수 있습니다. 저의 경우, 주말에 스트레스를 풀기 위해 콘서트를 가거나 박물관을 갑니다.

Yes, artists and musicians benefit society through their works, which help people relieve stress. This is because people feel relaxed when they listen to music or appreciate paintings. I am one of those who turn to art to relieve stress. I go to a concert or a museum on weekends, which is helpful in relieving stress.

> 해설 네, 미술가와 음악가들은 그들의 작품을 통해서 사회를 이롭게 합니다. 그들의 작품은 사람들이 스트레스를 풀게 해주는데 그 이유는 음악을 듣고 미술품을 감상할 때 긴장을 풀 수 있기 때문입니다. 저도 스트레스를 풀기 위해 작품에 기대는 사람들 중에 하나입니다. 저는 주말에 콘서트나 박물관에 가는데, 그것은 스트레스를 푸는 데 도움이 됩니다.

Word

- artists : 미술가   • musicians : 음악가   • relieve stress : 스트레스를 풀다
- by listening to music and appreciating paintings : 음악을 듣고 그림을 감상함으로써

Q10

What quality is most important in a working environment?
근무 환경에서 가장 중요한 자질은 무엇입니까?

근무 환경의 자질에는 많은 것들이 포함될 수 있습니다. 좋은 상사, 좋은 동료, 탄력적인 근무 시간, 조용한 근무 환경, 또는 직원들을 위한 시설 등등. 이 중에서 중요한 자질을 말하고, 그 이유를 간략하게 덧붙여 줍니다.

 4급

I think a working environment should be quiet. When there is a lot of noise, employees cannot concentrate on their work and it will decrease productivity.

> **해설** 제 생각엔 근무 환경은 조용해야만 합니다. 소음이 많으면, 직원들은 일에 집중할 수 없고, 생산성을 감소시킬 것입니다.

 5급

There are many factors that make a good working environment, but the elimination of distracting noise is the most important. This is because unnecessary noise keep employees from focusing on their work and lead to decreased productivity.

> **해설** 좋은 근무 환경을 만드는 요소에는 많은 종류가 있지만, 방해하는 소음이 없는 것이 가장 중요합니다. 그 이유는 불필요한 소음은 직원들이 자신의 일에 집중하는 것을 방해하고, 생산성 저하를 야기시키기 때문입니다.

 Word

- quality : 자질, 특성
- working environment : 근무 환경
- noise : 소음
- concentrate on : 집중하다
- decrease : 감소시키다
- productivity : 생산성

Q11

Some people say that machines will replace humans in the future. What's your opinion about this idea?

사람들이 미래에 기계가 사람을 대신할 거라고 하는데, 어떻게 생각하십니까?

이 문제는 '기계 때문에 사람들이 일자리를 잃을 것인가'라는 문제와 같습니다. 주변에서 쉽게 찾을 수 있는 예, 즉 지하철역의 표 자판기, 은행의 ATM 기계, 의사 대신 수술을 하는 기계 등의 예를 들어 답할 수 있습니다.

 4급

I agree with this opinion. Some jobs are disappearing because of machines. For example, there were a couple of employees selling tickets in the subway station in the past. However, they have been replaced by machines. In a bank, automatic teller machines are replacing bank tellers. I think only a few jobs such as chefs will survive in the future.

해설 이 의견에 동의합니다. 어떤 직업들은 기계들 때문에 사라지고 있습니다. 예를 들면, 과거에는 지하철역에 표를 파는 직원들이 몇몇 있었습니다. 그런데, 기계가 대신하게 되었고, 은행에는 ATM기가 은행원을 대체하고 있습니다. 제 생각에 미래에는 요리사와 같은 몇몇 직업만 살아남을 것입니다.

 5급

I agree with this opinion. Actually, we see employees being replaced by machines such as automatic ticket machines in the subway and automatic teller machines in a bank. This trend will continue and only a few jobs such as chefs will survive in the future.

해설 이 의견에 동의합니다. 사실, 지하철역의 자동 티켓 판매기와 은행의 ATM기가 직원들을 대체하고 있는 것을 보고 있습니다. 이런 추세는 계속될 것이고 미래에는 요리사와 같은 몇몇 직업만이 살아남을 것입니다.

Word

- disappear : 사라지다   - replace : 대체하다   - automatic teller machines : ATM기   - bank tellers : 은행 창구 직원
- chef : 요리사   - survive : 살아남다

Q12

Do you think computers have a negative effect on health?
컴퓨터가 건강에 나쁜 영향을 끼친다고 생각하십니까?

이 문제는 컴퓨터의 단점 중 건강에 끼치는 악영향에 대한 질문입니다. 컴퓨터를 사용하는 사람이라면 거의 모두가 동의할 만한 시력 저하 관련 문제로 간단히 답변할 수 있는 문제입니다.

Yes, I think that computers are bad for health. I usually work with a computer for at least 7 hours a day. My eyesight is getting worse. I also have neck pains. My doctor advised me to reduce the hours of using a computer, but it is almost impossible. I just take some vitamins for my eyes and I try to do a neck exercise every day.

해설 네, 컴퓨터가 건강에 나쁘다고 생각합니다. 제가 보통 하루에 적어도 7시간은 컴퓨터로 일을 하는데, 제 시력이 점점 나빠지고 있습니다. 또한, 목에 통증도 있습니다. 의사가 저에게 컴퓨터 사용 시간을 줄이라고 충고했는데, 그것은 거의 불가능합니다. 저는 그냥 눈을 위해서 비타민을 먹고 매일 목 운동을 하려고 노력합니다.

Yes, computers are harmful to health. It can be one reason which deteriorates eyesight and causes neck pain. For example, using a computer for a long time at work has led to worse worse. My eyesight has become worse and my neck is in pain. The only treatment suggested by the doctor is reducing the hours of using a computer, which is not possible. I take vitamins to keep my eyesight from getting worse and do neck exercises to mitigate the pain.

해설 네, 컴퓨터는 건강에 해롭습니다. 시력을 저하시키고 목 통증을 유발하는 하나의 원인이 될 수 있습니다. 예를 들면, 제가 회사에서 컴퓨터를 오랫동안 사용해서, 건강 상태가 나빠졌습니다. 시력이 나빠졌고, 목에 통증이 있습니다. 의사에 의해 제시된 한 가지 치료는 컴퓨터 사용 시간을 줄이는 것인데, 이는 가능하지 않습니다. 저는 시력이 더 나빠지는 것을 막기 위해 비타민을 복용하고 증상은 완화하기 위해 목 운동을 하고 있습니다.

Word

- at least : 적어도   • eyesight : 시력   • get worse and worse : 점점 나빠지다.   • advise ~ to … : ~에게 …하라고 충고하다
- take vitamins : 비타민을 복용하다   • deteriorate : 악화시키다/ 악화되다   • mitigate : 완화시키다

Q13

What are pros and cons of marrying a foreigner?
외국인과 결혼하는 것의 장점과 단점은 무엇입니까?

외국인이라는 단어는 '문화와 언어가 나와 다른 사람'을 의미하는 것이니, 장단점을 이 두 가지에 맞추어서 대답을 만들 수 있습니다. '다른 문화와 언어를 배울 기회이기도 하지만 동시에 이 때문에 소외감을 느낄 수 있다.'로 대답할 수 있습니다.

 4급

There are some advantages and disadvantages to marrying a foreigner. When you get married to a foreigner, you will learn about your partner's culture and language. That means you expand your horizons and because more open-minded. However, international marriage has some problems as well. You sometimes feel isolated when you are with your partner's family due to cultural and language barriers. However, I think it can be overcome if you love each other.

해설 외국인과 결혼하는 것의 장단점이 있습니다. 외국인과 결혼하면 배우자의 문화와 언어에 대해서 배우게 됩니다. 즉, 시야를 넓힐 수 있고 더 편협하지 않게 됩니다. 하지만 국제 결혼이 문제점도 있습니다. 때때로 배우자의 가족과 함께 있을 때 문화적 언어적 장벽 때문에 소외감을 느낄 수 있습니다. 하지만 서로 사랑한다면 극복될 수 있다고 생각합니다.

 5급

There are some advantages and disadvantages of marrying a foreigner. Marrying a foreigner is advantageous because you can learn about your spouse's culture and language, which can expand your horizons. It will help you tolerate people having different cultures, languages, or religions. However, having a different language and culture is also a barrier to getting closer with your spouse's family and it may make you feel isolated when you are with them.

해설 외국인과 결혼하는 것의 장단점이 있습니다. 외국인과 결혼하는 것이 배우자의 문화와 언어를 배울 수 있기 때문에 장점입니다. 이는 당신의 시야를 넓혀 줄 수 있습니다. 그러면 다른 문화, 언어, 종교를 가진 사람들에게 더 관용적이 될 수 있습니다. 하지만 다른 언어와 문화를 가졌다는 것이 배우자의 가족과 가까워지는데 방해가 되고, 그들과 함께 있을 때 소외감을 느끼게도 합니다.

Word

- pros and cons : 찬성과 반대 / 장점과 단점   • marrying a foreigner : 외국인과 결혼하기   • get married to ~ : ~ 와 결혼하다
- learn about one's culture and language : 문화와 언어에 대해서 배우다.   • expand horizons : 시야를 넓히다
- tolerant : 관용적인   • international marriage : 국제 결혼   • feel isolated : 소외감을 느끼다
- cultural and language barriers : 문화적 언어적 장벽   • overcome : 극복하다

Q14

Have you ever worked with a foreigner? If so, did you have difficulties in working with them, or have you experienced cultural shock?

외국인과 함께 일해 본 적 있습니까? 그렇다면 같이 일하는 데 어려움이 있었습니까? 아니면 문화 충격을 경험해 본 적 있습니까?

외국인과의 결혼에 대한 의견을 묻는 질문과 유사한 문제로 최근에 자주 출제되고 있는 문제입니다. 국제 결혼의 답변과 마찬가지로 언어와 문화의 두 측면에서 생각해 볼 수 있습니다. 문화 충격은 다른 문화 때문에 느끼는 불편한 감정을 나타내며, 해외에서 느꼈던 '나와 다름'에 대한 경험을 말하면 됩니다.

 4급

Yes, I worked for a company in Dubai about 10 years ago. I was a supervisor in a plant construction site. There were several workers from different countries. We couldn't speak English well, but the workers and I had no communication problems. However, there was something that I couldn't understand. When I asked some workers to do something, they shook their heads. I was sure that they didn't understand what I had said, so I explained again and again. However, they shook again. Later, I learned that their shaking meant 'Yes' instead of 'No'.

> 해설 네, 10년 전에 두바이에 있는 회사에서 일했습니다. 건설 현장의 감독관이었는데, 다른 나라에서 온 직원들이 몇몇 있었습니다. 영어에 능통하지는 않았지만, 그 직원들과 저는 의사 소통에는 문제가 없었습니다. 하지만 제가 이해할 수 없었던 점도 있었습니다. 제가 그들에게 어떤 일을 시키면, 그들이 머리를 저었습니다. 그래서 제가 한 말을 이해하지 못한다고 확신했고, 다시 설명을 했습니다. 하지만 그래도 또 머리를 저었습니다. 나중에야 그들이 머리를 옆으로 흔드는 것이 No가 아닌 Yes라는 것을 알게 되었습니다.

 5급

Yes, I worked with workers from different countries as a plant supervisor in Dubai 10 years ago. Even though we were not fluent in English, we had no difficulties understanding each other except for one thing. Some of the workers would shake their heads to say yes. At first, I was very confused and asked the same question to confirm if they had understood my instructions. However, I got accustomed to their behavior soon.

> 해설 네, 저는 10년 전에 두바이에서 플랜트 감독관으로 다른 나라에서 온 직원들과 함께 일했습니다. 영어에 능통하신 않지만 한 가지를 제외하고는 서로를 이해하는 데에는 어려움이 없었습니다. 그들 중 몇몇은 Yes라고 말하면서 머리를 옆으로 흔들었습니다. 처음엔, 혼란스러워서 그들이 내 지시를 이해했는지 확인하기 위해서 똑같은 질문을 했습니다. 하지만, 그들의 행동에 곧 익숙해졌습니다.

Word

- supervisor : 감독관 • construction site : 공사현장 • be fluent in English : 영어에 능통하다
- Have no difficulties in making each other understood : 서로를 이해시키는데 어려움이 없다. • shake one's head : 머리를 젓다

Q15

If you could be the CEO of your company just for a day and change one thing about your company, what would you change?

만일 하루 동안 당신 회사의 CEO가 되어서 회사에 대해 한 가지를 바꿀 수 있다면 무엇을 바꾸겠습니까?

가정된 상황 속에서 어떻게 행동할지를 묻는 문제입니다. 여기에서는 '회사의 어떤 점을 바꾸고 싶냐'라는 문제라고도 볼 수 있습니다. 휴가를 더 많이 준다거나, 월급을 올린다거나, 근무 환경을 개선한다거나, 근무 시간을 조절한다거나 다양한 답변을 할 수 있습니다.

4급

If I were the CEO of my company, I would institute the flexible working hour system. Currently, the working hours are from 9 a.m. to 6 p.m. but not every employee needs to follow them. I am in the overseas sales department and work with European companies, especially French ones. Since they start to work at 4 in the afternoon in Korean time, I have little to do in the morning and then become busy after 4 p.m. I tend to work overtime almost every day. Therefore, if I were the CEO of my company, I would introduce the flexible working hour system.

해설 제가 만일 저희 회사의 CEO가 된다면, 저는 탄력 근무 제도를 도입하겠습니다. 현재, 근무 시간은 오전 9시부터 오후 6시까지인데, 모든 직원이 이 근무 시간을 따를 필요는 없습니다. 저는 해외 영업부에서 유럽 나라들, 특히 프랑스와 같이 일을 하고 있습니다. 프랑스는 한국 시각으로 오후 4시에 일을 시작하기 때문에, 전 아침에는 할 일이 거의 없고 4시 이후에야 바쁩니다. 그래서 거의 매일 초과 근무를 하는 경향이 있습니다. 따라서, 만일 제가 저희 회사의 CEO가 된다면, 탄력 근무 제도를 도입하겠습니다.

5급

If I were the CEO of my company, I would institute the flexible working hour system. The current fixed working hour system is not efficient for some employees. For example, my duties in the overseas sales departments mostly involve business with French companies. Because of the time difference, I get busier after 4 p.m. when the French companies start to work and work overtime almost every day. That's why I would introduce this system if I could be the CEO.

해설 제가 만일 저희 회사의 CEO가 된다면, 저는 탄력 근무 제도를 도입하겠습니다. 현재의 고정 시간 근무 제도는 어떤 직원들에게는 효율적이지 않습니다. 예를 들면, 해외 영업 부서에서의 제가 해야 할 일은 주로 프랑스 회사와의 업무와 관련되어 있습니다. 시차 때문에, 저는 프랑스 회사가 일을 시작하는 오후 4시부터 바빠져서 거의 매일 야근을 합니다. 그래서 제가 CEO가 된다면 탄력 근무 제도를 도입할 것입니다.

Word

- institute : 도입하다   - flexible working hour system : 탄력 근무제   - currently : 현재   - working hours : 근무 시간
- fixed working hour system : 고정 시간 근무제

Q16

Which do you think is more important, a high salary or job satisfaction?
높은 월급과 직업 만족 중에 무엇이 더 중요합니까?

SPA 시험이 아니더라도 면접시험이나 직업 선택에 있어서 자문해 본 적 있는 문제일 것입니다. 높은 월급을 선택할 시에는 '일을 좋아하더라도 월급이 낮으면 동기부여가 되지 않는다.'고 대답할 수 있고, 직업 만족을 선택할 시에는 '월급이 높더라도 직업에 만족할 수 없으면 지속할 수 없다'고 대답할 수 있습니다.

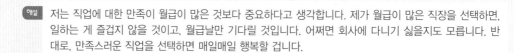

I think job satisfaction is more important than a high salary. If I choose a high-paying job, I won't enjoy working and I will only wait for the pay-day. I may hate going to work. On the contrary, if I choose a job that satisfies me, I will feel happy every day.

> **해설** 저는 직업에 대한 만족이 월급이 많은 것보다 중요하다고 생각합니다. 제가 월급이 많은 직장을 선택하면, 일하는 게 즐겁지 않을 것이고, 월급날만 기다릴 것입니다. 어쩌면 회사에 다니기 싫을지도 모릅니다. 반대로, 만족스러운 직업을 선택하면 매일매일 행복할 겁니다.

Job satisfaction outweighs high salaries for me. A high-paying but unsatisfying job will not motivate me to work hard and make me wait only for the pay-day. On the contrary, a satisfying job will make the time I spend at work worthwhile and happy.

> **해설** 저에겐, 직업 만족이 월급이 많은 것보다 더 중요합니다. 월급은 많지만 만족스럽지 않은 직업은 제가 열심히 일할 수 있도록 동기를 부여하지 못하고, 월급날만을 기다리게 할 것입니다. 반대로 만족감을 주는 직업은 제가 회사에 있는 시간을 가치 있고 행복하게 만들 것입니다.

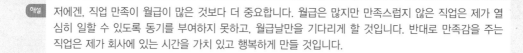

Word

• job satisfaction : 직업 만족   • salary : 월급   • a high-paying job : 연봉이 높은 직업   • may : …일지도 모른다
• a job that satisfies me : 나를 만족시키는 직업   • unsatisfying : 만족스럽지 않은   • outweigh : 더 중요하다
• worthwhile : 가치 있는

Q17

Internet advertisements are common these days. Do you think they are effective?
인터넷 광고가 요즘 흔합니다. 인터넷 광고가 효과적이라고 생각합니까?

방문하는 인터넷 페이지를 가득 메우고 있는 광고는 결코 효과적이지 않은데 그 이유는 '너무나 만연해서 사람들이 관심을 갖지 않는다.'로 답변합니다.

I don't think they are effective. Internet advertising is pervasive these days. We get ads on news sites, blogs and social networking sites. As we are exposed to a lot of advertising, we tend to ignore them. We never pay attention to them, so they are not effective.

> **해설** 저는 인터넷 광고가 효과적이라고 생각하지 않습니다. 요즘엔, 인터넷 광고가 너무 많습니다. 뉴스 사이트나, 블로그 그리고 SNS에도 광고가 있습니다. 많은 광고에 노출되기 때문에, 우리는 그 광고들을 무시하는 경향이 있습니다. 우리는 결코 그 광고에 주목하지 않기에 효과적이지 않습니다.

I think Internet advertising is ineffective because it is pervasive and has become a pet peeve. Web pages such as blogs and social networking sites display unwanted pop up ads, which is annoying and reduces people to totally ignore them. That's why Internet advertising is not effective.

> **해설** 인터넷 광고가 효과적이지 않다고 생각합니다. 왜냐하면 너무 만연해서 사람들이 싫어하는 것이 되었습니다. 블로그나 SNS는 원하지 않는 팝업 광고를 게시하고 있고, 이는 짜증스러운 것으로 사람들이 그것들을 완전히 무시하게 합니다. 이런 이유로 인터넷 광고는 효과적이지 않습니다.

Word

- effective : 효과적인   • internet advertising : 인터넷 광고   • be exposed to : …에 노출되다   • tend to : …하는 경향이 있다.
- ignore : 무시하다   • pay attention to : …에 주목하다   • pet peeve : 불만거리

Q18

What do you think is the most important invention in the last 100 years?

지난 100년간 가장 중요한 발명이 뭐라고 생각합니까?

이 질문의 답변은 매우 다양할 수 있습니다. 컴퓨터, 스마트폰 등 자신이 생각하는 중요한 발명품을 말한 뒤 왜 그렇게 생각하는지 이유를 덧붙여 줍니다.

I think cell phones are the most important invention. Thanks to cell phones, people can communicate easily. People can communicate with others anytime and anywhere. Moreover, cell phones provide variety of entertainment options. People watch movies, listen to music and read books with their cell phones.

> **해설** 저는 휴대전화가 가장 중요한 발명품이라 생각합니다. 휴대전화 덕분에, 사람들은 쉽게 소통합니다. 사람들은 언제 어디서든지 다른 사람들과 소통합니다. 게다가, 휴대전화는 다양한 오락을 제공합니다. 사람들은 휴대전화로 영화를 보고, 음악을 듣고 책을 읽습니다.

The most important invention in the last 100 years is the cell phone because it has facilitated communication among people. People contact other people regardless of time and place. Furthermore, it serves as a convenient means of providing a variety of entertainment options. People watch a movie, listen to music and read a book with their cell phones.

> **해설** 지난 100년 동안 가장 중요한 발명품은 휴대전화입니다. 왜냐하면 사람들 사이의 대화를 용이하게 했기 때문입니다. 사람들은 장소와 시간에 관계없이 다른 사람들과 연락합니다. 또한, 다양한 오락을 제공하는 수단으로도 사용되는데 사람들은 그들의 휴대전화로 영화를 보고 음악을 듣고 책을 읽습니다.

Word

- communicate : 소통하다/대화하다   • anytime and anywhere : 언제 어디서든   • provide : 제공하다
- entertainment : 오락   • facilitate : 용이하게 하다

120

Q19

Which do you think is more important in achieve a goal, teamwork or leadership?
목표를 달성하기 위해서 팀워크와 리더십 중에 무엇이 더 중요합니까?

팀워크는 서로의 이해 관계에도 불구하고 공동의 목표를 위해서 노력하는 것이고, 리더십은 명확한 비전을 제시하고 팀원들 개개인을 격려해서 공동의 목표를 이루는 것입니다. 따라서 '리더십이 없는 팀워크는 존재하지 않는다.'로 답변합니다.

4급

I can say that leadership is more important than teamwork. A good team depends on its leader. A good leader presents a clear vision to his team members and encourages them to cooperate. That's why leadership is more important than teamwork.

> 해설 저는 리더십이 팀워크보다 더 중요하다고 말할 수 있겠습니다. 좋은 팀은 리더에 달려 있습니다. 좋은 리더는 팀원들에게 명확한 비전을 제시하고 그들이 협력하도록 격려합니다. 이 때문에 리더십이 팀워크보다 더 중요합니다.

5급

Leadership is more important than teamwork because a good team can't exist without a good leader. A leader plays an essential role in fostering good teamwork by presenting a clear vision and encouraging team members to cooperate. That's why leadership is more important than teamwork.

> 해설 리더십이 팀워크보다 더 중요한데 이유는 좋은 리더 없이는 좋은 팀이 존재할 수 없기 때문입니다. 리더는 명확한 비전을 제시하고 팀원들이 협력을 하도록 격려함으로써 좋은 팀워크를 형성하는 데 필수불가결한 역할을 합니다. 이 때문에 리더십이 팀워크보다 더 중요합니다.

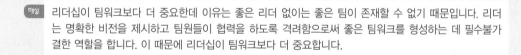
Word

• teamwork : 팀웍 • individual : 개인 • cooperate : 협력하다 • achieve a common goal : 공동의 목표를 이루다
• encourage them to cooperate : 그들을 협력하도록 격려하다 • present a clear vision : 명확한 비전을 제시하다

Q20

What is your opinion on the Korean education system?
한국의 교육 제도에 대한 당신의 의견은 무엇입니까?

자주 출제되었던 문제입니다. 주입식 교육 또는 입시 제도의 잦은 변경 등 한국 제도의 문제점을 말할 수도 있고, 학교가 성적 위주의 교육을 실시한다는 내용으로 답변을 구성해도 좋습니다.

Let me talk about the Korean education system. Schools in Korea seem to focus only on teaching how to get a good score in an exam. Their main goal is to get students addmitted to enter a good university. Thus, students get stressed when their test scores are disappointing. Some lose their interest in school life and end up making the wrong choice. I believe schools should respect differences among students and foster their individual talents. This is my opinion on the education system in Korea.

> **해설** 한국의 교육 제도에 대해 말씀 드리겠습니다. 한국의 학교는 어떻게 시험에서 좋은 성적을 낼 수 있는지를 교육하는 데 중점을 두고 있는 듯합니다. 그들의 주요 목표는 학생들을 좋은 대학에 보내는 것입니다. 따라서 학생들은 그들의 성적이 좋지 않을 때 스트레스를 받습니다. 어떤 학생들은 학교 생활에 흥미를 잃고 극단적인 선택을 하기도 합니다. 저는 학교가 학생들 사이의 차이점을 존중해서 그들의 재능을 육성해야 한다고 생각합니다.

Korean education is about training students to get a high score in the exams and to admitted to a prestigious university. This system is putting students under severe pressure, and pushing those who are not academically good students out of school or even life. Differences among students showed be given chances should be respected and chances for students to find and foster their own talents.

> **해설** 한국의 교육은 학생들이 시험에서 높은 점수를 얻고 일류 대학에 진학하도록 훈련하는 것입니다. 이러한 제도는 학생들에게 극심한 압박을 주고, 공부를 못하는 학생들을 학교 밖이니, 심지어 비극으로 치닫게 하기도 합니다. 학생 간의 다름이 존중되어야 하고, 학생들이 자신의 재능을 발견하고 육성할 수 있는 기회가 주어져야 합니다.

Word

• get a good score in an exam : 시험에서 좋은 점수를 받다 • get students to enter a good/prestigious university : 학생들을 좋은 학교에 입학하게 하다 • disappointing : 실망스러운 • lose an interest in : …에 대한 흥미를 잃다 • end up ~ing : 결국엔 ~하게 되다 • respect differences among students : 학생 간의 다름을 존중하다 • foster : 육성하다 • tragedy : 비극

Q21

What are pros and cons of text messaging?
문자 메시지의 장점과 단점은 무엇입니까?

문자 메시지가 주는 편리함과 문제점을 이야기합니다. 전화 통화를 하지 못할 경우 또는 해외에 있을 때에 전화 통화를 하는 것이 경제적인 부담이 될 때 유용하지만, 전화 통화나 만나서 해야 하는 이야기를 문자로 보내는 것이 때로는 예의에 벗어날 수 있습니다. 또한, 빨리 문자를 보내느라 한글의 맞춤법을 무시하는 것 등은 문제점이라 할 수 있습니다.

4급

Let me tell you about the pros and cons of text messaging. First, text messaging is convenient when telephone conversation is not available. For example, when I have a team meeting, I am not allowed to talk on the phone. In such a situation, I am able to text my customers if something urgent happens. On the other hand, texting has a negative effect on young students. They tend to use broken Korean in order to text quickly. Their misspelling habits negatively affect their writing skills.

> **해설** 문자 메시지의 장점과 단점을 말씀 드리겠습니다. 우선, 문자 메시지는 전화 통화를 하지 못할 때 편리합니다. 예를 들면, 제가 팀 미팅이 있을 때는 전화 통화를 하지 못하게 되어 있습니다. 그런 상황하에서, 만약 급한 일이 생긴다면 저는 제 고객한테 문자 메시지를 보낼 수 있습니다. 반면에, 문자 메시지는 어린 학생들에게는 부정적인 영향을 끼칠 수 있습니다. 어린 학생들은 문자를 빨리 보내기 위해서 잘못된 한글을 씁니다. 그들의 맞춤법이 틀린 한글 습관이 글쓰기에 부정적인 영향을 끼칠 수 있습니다.

5급

Let me tell you about the advantages and disadvantages of text messaging. The text message enables people to communicate with others when telephone conversation is not available such as during a meeting. On the other hand, it can hinder students' writing skills development. Young students who have not fully developed their writing abilities can be confused by the broken Korean in their text messages. Furthermore, once they develop misspelling habits and keep using them, they may be unable to correct such habits.

> **해설** 문자 메시지의 장점과 단점을 말씀 드리겠습니다. 문자 메시지는 사람들로 하여금 전화 통화를 할 수 없을 때 다른 사람들과 소통하게 해 줍니다. 반면에 학생들의 쓰기 학습을 방해할 수 있습니다. 쓰기 능력을 충분히 학습하지 못한 어린 학생들은 메시지에 있는 잘못 쓰여진 한글로 혼돈을 일으킬 수 있습니다. 더 나아가, 일단 맞춤법이 틀리는 습관을 들이게 되면, 그것을 교정할 수 없을지도 모릅니다.

Word

- text messaging : 문자 메시지   • convenient : 편리한   • available : 사용 가능한   • be allowed to : …이 허락되다
- urgent : 긴급한, 급박한   • have a negative effect / negatively affect : 부정적인 영향을 끼치다

Q22

What is your opinion on downloading music or movies without paying for it?
음악이나 영화를 돈을 지불하지 않고 다운로드 하는 것에 대한 당신의 의견은 무엇입니까?

불법 다운로드에 대한 의견을 묻는 이 문제에 대해서는 '불법 다운로드는 저작권을 침해 하는 것과 같다'라는 답이 가장 먼저 떠오를 것입니다. 또는 '불법 다운로드는 음악이나 영화를 만든 사람들한테 정당한 대가를 지불하지 않는 불법 행위이다.'로 풀어서 답변해 도 되겠습니다.

Sometimes, I don't feel guilty about downloading them because everyone else seems to be doing that. However, if I were a composer or producer, I would be very angry. This is because creating something requires a lot of time, energy and effort. If someone enjoyed my work without paying, it would be like breaking into a movie theater and watching a movie. Thus, it is an unlawful act.

> **해설** 때때로, 저는 그것들을 다운로드 하는 것에 별다른 죄책감을 느끼지 않습니다. 왜냐하면 다른 모든 사람들 이 그렇게 하는 것 같기 때문입니다. 하지만, 제가 만일 작곡가나 제작자라면 저는 정말 화가 날 것 같습 니다. 그 이유는, 무엇인가 창작을 한다는 것은 많은 시간, 에너지 그리고 노력을 요구하는 것입니다. 누군 가가 내 작품을 돈을 내지 않고 그냥 즐긴다면, 영화관에 침입해서 영화를 보는 것과 같습니다. 따라서, 이 것은 불법행위입니다.

Downloading music or movies without paying is illegal and an infrin- gement of copyright. Creating music or a movie requires composers or producers to put a lot of money, time and effort into their works. Therefore, they have a legal right for their use and distribution. Illegal downloading is like violating their right.

> **해설** 음악이나 영화를 돈을 지불하지 않고 다운로드 하는 것은 불법이며 저작권 침해입니다. 음악이나 영화를 창조하는 것은 작곡가와 제작자가 많은 돈과 시간, 그리고 노력을 그들의 작품에 쏟아야 합니다. 따라서 그것의 사용과 배급에 대해 권리를 갖습니다. 불법 다운로드는 그들의 권리를 침해하는 것과 같습니다.

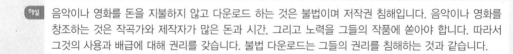

Word

- feel guilty about : …에 대해 죄책감을 느끼다 • composer : 작곡가 • producer : 제작자 • require : 요구하다
- break into : 침입하다 • unlawful : 불법적인 • distribution : 배급 • violate : 침해하다

Q23

Have you ever donated money to a charity? Is it a good way to help people in need?
자선 단체에 돈을 기부해 본 적 있습니까? 그것이 곤란에 처한 사람들을 돕기에 좋은 방법일까요?

기부에 대한 의견과 더불어 자선단체가 제구실을 다하고 있다고 생각하는지를 같이 묻는 질문입니다. '자선 단체에 기부를 하는데, 자선 단체를 믿기 때문이다.' 또는 '자선 단체에 기부하지 않는데 공익을 위한다기보다는 단체 자체의 이익을 추구하기 때문이다.'와 같은 답변을 구성하면 됩니다.

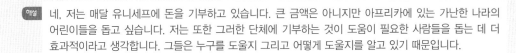

Yes, I donate money to UNICEF every month. It's not a big amount but I want to help children in poor African countries in Africa. I also think that donating to such a group is more effective in helping people in need because they know who to help and how to help them.

> 해설 네, 저는 매달 유니세프에 돈을 기부하고 있습니다. 큰 금액은 아니지만 아프리카에 있는 가난한 나라의 어린이들을 돕고 싶습니다. 저는 또한 그러한 단체에 기부하는 것이 도움이 필요한 사람들을 돕는 데 더 효과적이라고 생각합니다. 그들은 누구를 도울지 그리고 어떻게 도울지를 알고 있기 때문입니다.

I donate a small amount of money to UNICEF every month to help children in need in African countries and donating to such a charity with an expert workforce and knowledge is a more effective way to helping others than doing it individually. They have an expert workforce and knowledge on raising and allocating funds.

> 해설 저는 매달 소액을 유니세프에 기부하고 있는데, 아프리카 국가의 도움이 필요한 어린이들을 돕고 싶기 때문입니다. 그리고, 전문적인 인력과 지식을 갖추고 있는 그러한 자선 단체에 돈을 기부하는 것이 개인적으로 기부하는 것보다 더 효과적입니다. 왜냐하면 그들은 모금된 돈을 할당하는 데 전문적인 인력과 지식을 가지고 있기 때문입니다.

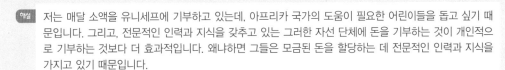

Word

- donate money to a charity : 자선 단체에 돈을 기부하다 • people in need : 도움이 필요한 사람들
- expert workforce : 전문적 인력 • raise and allocate fund : 자금을 모으고 할당하다

Q24

What would you do if you met your favorite celebrity?
만약 가장 좋아하는 유명인을 만나면, 무엇을 하겠습니까?

유명인을 만났을 때에는 다가가서 인사를 하고 악수를 청하거나 사진을 찍기를 요청한다고 답변합니다.

 4급

If I met a celebrity, I would ask him for his autograph. Then, I would shake hands with him and take a picture with him.

해설 만일 제가 유명인을 만난다면 사인을 해 달라고 요청을 할 것입니다. 그리고 나서 악수를 청하고 같이 사진을 찍을 것입니다.

 5급

If I met a celebrity who I like, I would want to ask him for his autograph, extend my hand for a handshake and take a picture together.

해설 만일 제가 좋아하는 유명인을 만난다면, 저는 사인을 요청하고 손을 내밀어 악수를 요청하고 함께 사진을 찍고 싶을 것입니다.

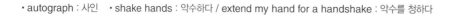

Word

• autograph : 사인 • shake hands : 악수하다 / extend my hand for a handshake : 악수를 청하다

Q25

Do you think telling a lie is always wrong?
거짓말을 하는 것은 항상 잘못된 일이라고 생각합니까?

이 질문은 '선의의 거짓말이 때로는 필요합니까?'라는 질문과도 같습니다. '선의의 거짓말이든 아니든 거짓말 자체는 나쁘다. 왜냐하면 그 거짓말을 덮기 위해 자꾸 거짓말을 해야 하기 때문이다' 라던가 '타인의 감정을 상하기 않기 위한 선의의 거짓말은 괜찮다. 왜냐하면 누구에게도 피해를 주지 않기 때문이다.'라고 답변합니다.

Telling a lie is wrong. However, it is not always wrong. Sometimes, it is necessary for people to tell a lie. For example, when my friend changes her hair and asks if it looks O.K., I would say it looks great even if it looks a little strange. There is another example. When my mom cooks for me and asks if it is delicious, I would definitely say it is fantastic even if it may not be. Telling a white lie is sometimes needed to not hurt others' feelings.

해설 거짓말하는 것은 잘못된 것입니다. 하지만 항상 잘못된 것은 아닙니다. 때때로, 사람들이 거짓말을 해야 할 필요가 있습니다. 예를 들어서 친구가 머리를 하고 괜찮냐고 물어보면 이상해 보여도 괜찮다고 말할 것입니다. 또 다른 예가 있는데, 엄마가 저를 위해 요리를 해 주시고 맛있냐고 물어 보시면 맛이 없더라도 틀림없이 환상적인 맛이라고 대답할 것입니다. 선의의 거짓말은 다른 사람들의 감정을 상하지 않기 위해 때때로 필요합니다.

Telling a lie is wrong but white lies are sometimes necessary to not hurt other people's feelings. For example, I sometimes satisfy my mother who cooks for me by telling a lie that her dish is wonderful even though it isn't. Furthermore, no one would blame me for telling a white lie to console my friend who is concerned about her new hair style.

해설 거짓말하는 것은 잘못된 것이지만 선의의 거짓말은 때로는 다른 사람의 감정을 상하지 않기 위해 필요합니다. 예를 들어 저를 위해 요리해 주신 엄마를 만족시켜 드리기 위해서 음식이 그렇게 맛있지 않더라도 맛있다고 선의의 거짓말을 합니다. 또한, 새로운 머리 스타일에 신경 쓰는 친구를 위로하기 위해 거짓말을 한다면 어느 누구도 나를 비난하지는 않을 것입니다.

Word

• white lie : 선의의 거짓말   • blame A for B : B때문에 A를 비난하다

Q26

It is said that Korea is entering an aged society in five years. In your opinion, what problems will be caused by an aged society in the future?

한국은 5년 뒤에 고령화된 사회로 진입한다고 합니다. 미래에 어떤 문제에 직면하게 될 것이라고 생각합니까?

고령화 사회에 대한 문제점을 묻는 질문입니다. 고령화 사회는 노인 인구의 비율이 높은 사회를 말하고, 이는 노동 인구가 상대적으로 낮아서 생산성이 저하되고, 노인 인구 부양에 부담을 느끼는 것이 문제점이라 할 수 있습니다.

 4급

Young people will feel burdened because they have to pay more taxes to support the elderly. On their part, the elderly citizens who didn't prepare for their retirement will suffer.

> **해설** 젊은 사람들이 부담을 느낄 것입니다. 왜냐하면 노인 인구를 부양하기 위해 더 많은 세금을 내야 하기 때문입니다. 또한, 노인들은 자신들의 은퇴를 잘 준비하지 못해서 고통을 겪을 것입니다.

 5급

A smaller working population will lead to low levels of productivity and in turn a sluggish economy and young working people will be burdened by high taxation.

> **해설** 감소된 노동 인구는 생산성 저하를 이끌고, 따라서 경기 침체를 야기할 것입니다. 또한 젊은이들이 많은 세금 때문에 부담이 될 것입니다.

 Word

• be burdened : 부담을 지다   • sluggish economy : 경기 침체   • working population : 노동 인구   • taxation : 세금

Q27 Do you think that a smartphone is bad for children?
스마트폰이 어린이들에게 나쁘다고 생각합니까?

스마트폰의 장단점을 묻는 질문과 같다고 볼 수 있는데, 다만 사용하는 주체가 어린이이므로, 어린이에게 교육적으로 나쁜 점과 좋은 점을 생각해서 답변해 볼 수 있습니다.

4급 There are many students addicted to a smartphone nowadays. They keep looking at the screen checking e-mails, reading posts in SNS or texting. Therefore, they cannot focus on studying. However, smartphones can be used as a good educational tool at the same time. There are a lot of apps that students can use such as dictionaries.

> 해설 요즘엔 스마트폰에 중독된 학생들이 많습니다. 이메일을 체크하고 SNS에 올라 온 글들을 읽고 문자를 보내느라 화면을 계속 쳐다보고 있습니다. 그러므로, 공부에 집중을 할 수 없습니다. 하지만, 스마트폰은 동시에 좋은 교육 도구가 될 수도 있습니다. 사전과 같은 학생들이 사용할 수 있는 많은 앱이 있습니다.

5급 There are some advantages and disadvantages of the smartphone in terms of education. It can be a distraction because many students are addicted to the smartphone and busy checking e-mails, reading posts in SNS while they are studying. However, smartphones provide good educational apps such as an English dictionary that is convenient when looking up a new word.

> 해설 교육면에서 스마트폰은 장점과 단점이 있습니다. 공부에 방해가 될 수 있는데, 많은 학생들이 스마트폰에 중독되어서 공부를 할 때에도 이메일을 체크하고, SNS에 올라온 글들을 읽느라 바쁘기 때문입니다. 하지만 스마트폰에는 새로운 단어를 찾을 때 편리한 영어 사전과 같은 좋은 교육 앱도 있습니다.

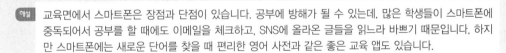

Word

• distracted : 집중이 안 되게 하는 / 산란하게 하는   • distraction : 집중을 방해하는 것   • app : 어플리케이션

Q28

How have wedding ceremonies changed over the years?
결혼식이 어떻게 변화되어 왔습니까?

결혼식에 관련된 문제로, '자신의 결혼식을 묘사해 보라'라는 기출 문제에서 확장된 문제 입니다. 전통 혼례식, 서양식 혼례식, 그리고 스몰 웨딩 등을 짧게 설명합니다.

In the past, people had a traditional wedding ceremony. A couple wearing Korean traditional clothes or Hanbok bowed to each other and shared rice wine. Then, people adopted American style weddings. A couple wearing a wedding gown and a tuxedo have a wedding ceremony at a wedding hall. Nowadays, a small wedding ceremony is popular among young couples. They have a ceremony in a small restaurant, at their house or even in the field.

해설 과거에는. 사람들이 전통 결혼식을 했습니다. 한복을 입은 신랑과 신부가 서로에게 절을 하고 쌀로 만든 술을 나눠 마십니다. 그 후에, 사람들이 서양식의 결혼식을 채택했습니다. 신랑과 신부는 웨딩 드레스와 턱시도를 입고 웨딩홀에서 결혼식을 올립니다. 요즘에는 스몰 웨딩이 젊은이들 사이에 인기가 있습니다. 그들은 작은 식당이나 그들의 집 혹은 들판에서 식을 올립니다.

In the past, the wedding ceremony that most people chose was a traditional one where a couple wearing Korean traditional clothes or Hanbok bowed to each other and shared rice wine. Then, American style wedding became popular. The bride and groom wearing a wedding gown and a tuxedo respectively take their marriage vows in front of many guests. Nowadays, young couples seem to prefer a small wedding to an expensive one at a wedding hall. They celebrate their wedding with their family and close friends at home or a small restaurant.

해설 과거에는. 대부분의 사람들이 선택한 결혼식은 전통 혼례식입니다. 커플은 한복을 입고 서로에게 절을 하고 쌀로 만든 술을 함께 나눠 마십니다. 그 후에, 서양식 결혼식이 인기를 얻었습니다. 드레스를 입은 신부와 턱시도를 입은 신랑이 많은 하객들 앞에서 결혼 서약을 합니다. 요즘엔, 젊은 커플들이 결혼식장에서의 비싼 결혼식보다 스몰 웨딩을 선호하는 것 같습니다. 그들은 가족과 가까운 친구들과 함께 집이나 작은 식당에서 결혼식을 올립니다.

Word

- wedding ceremony : 결혼식   • the bride and groom : 신부와 신랑   • adopt : 채택하다   • wedding gown : 웨딩 드레스
- take one's marriage vows : 결혼 서약을 하다   • wedding hall : 예식장

Q29

More and more people get plastic surgery to get more competitive at work. What do you think of this trend?

점점 더 많은 사람들이 회사에서 더 경쟁력을 갖추려고 성형 수술을 받습니다. 이런 경향에 대해 어떻게 생각합니까?

I heard that good looking people have more chances to get a job and get a promotion at work. Therefore, I can understand those who have plastic surgery to look better.

> **해설** 저는 외모가 좋은 사람들이 직업을 구하기 쉽고 승진할 기회가 더 많다고 들었습니다. 따라서, 저는 잘 생겨 보이기 위해서 성형 수술을 하는 사람들을 이해할 수 있습니다.

I read some articles saying those who are taller and better looking have more chances to get hired because they can give a better impression at a job interview and they get promoted faster after being hired. Therefore, the trend of plastic surgery is understandable.

> **해설** 저는 키가 크고 잘생긴 사람들이 면접에서 더 좋은 인상을 줘서 고용될 기회가 더 많고, 회사에 들어가서도 더 빨리 승진을 한다는 기사를 읽은 적이 있습니다. 그래서 성형 수술을 하는 트렌드가 이해가 됩니다.

 Word

• plastic surgery : 성형 수술 • get a job / get hired : 직업을 갖다, 취직하다 • get a promotion / get promoted : 승진하다

Q30

If one of your foreign friends asked you to recommend a Korean food, what would you recommend?
외국인 친구가 한국 음식을 추천해 달라고 한다면, 어떤 음식을 추천하겠습니까?

이 문제는 '한국 음식 하나를 소개하라'는 것과 같습니다. 익숙한 한식을 말하고 '맛있다' 거나, 건강에 좋다'고 덧붙이면 무난한 답변입니다.

 4급

I would recommend Korean chicken soup or Samgyetang to my foreign friends. Samgyetang is delicious and very healthy. It is not that spicy so foreigners can enjoy it. Moreover, they may find it special to have a whole chicken.

해설 저는 한국의 닭 수프인 삼계탕을 외국인 친구들에게 추천하겠습니다. 삼계탕은 맛있고, 건강에 매우 좋습니다. 그렇게 맵지 않아서 외국인들도 즐길 수 있습니다. 게다가 닭 한 마리를 먹는다는 걸 특별하다고 생각할 것입니다.

 5급

The Korean dish I would like to recommend to my foreign friends is chicken soup or Samgyetang because, as I know, unlike beef or pork, there are few people who cannot eat chicken. Moreover, eating a whole chicken is something special that people may find healthy.

해설 제가 외국인 친구들에게 추천하고 싶은 한국 음식은 한국의 닭 수프인 삼계탕입니다. 이유는, 제가 알기로는 소고기나 돼지고기와 달리, 닭고기를 먹을 수 없는 사람은 거의 없기 때문입니다. 게다가 닭 한 마리를 통째로 먹는 것은 사람들이 건강하다고 느낄 수 있는 특별한 것이기 때문입니다.

Word

• delicious : 맛있는　• healthy : 건강한　• spicy : 매운

사진

4-1 사진 묘사하기

 문제 유형 소개

제시된 사진을 묘사하는 문제입니다. 사진이 담고 있는 내용은 다양한데, 사무실에서 회의를 하고 있는 사람들 또는 사고 현장, 스포츠를 즐기는 사람 등입니다.

 어떻게 답변할까?

정해져 있는 답변은 없습니다. 주어진 사진에 나타나 있는 모든 것을 묘사해도 되고, 특징적인 것만을 간추려 묘사해도 됩니다. 다만, 객관성을 갖고 논리적으로 묘사하는 것이 중요합니다. 예를 들어, 사무실에서 회의를 하고 있는 사람들을 묘사할 때 방향을 정해서, 왼쪽에 있는 사람을 묘사하고 난 후 중앙에 있는 사람과 마지막으로 오른쪽에 있는 사람을 묘사하는 것이 정돈된 대답입니다. 사물을 묘사할 때에는 현재 시제를, 인물의 생김새나 행동을 묘사할 때에는 현재 진행형을 사용합니다.

아래의 사진은 패러 세일링을 준비하는 한 소녀와 그녀를 돕고 있는 두 남자의 사진입니다. 왼쪽에 있는 사람부터 차례로 옷차림과 행동을 묘사합니다. 시제는 '…을 입고 있다. 또는 …하는 중이다.'이므로 현재 진행형을 씁니다.

This picture was taken on a ship. There are three people in the picture. The man on the left is wearing a white sleeveless t-shirt and pants. He is checking the parasailing equipment. The girl in the middle is wearing a life jacket and a harness of the parasail. The man on the right is wearing a white t-shirt and blue shorts. He is holding the ropes of the parasail.

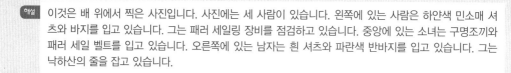

해설 이것은 배 위에서 찍은 사진입니다. 사진에는 세 사람이 있습니다. 왼쪽에 있는 사람은 하얀색 민소매 셔츠와 바지를 입고 있습니다. 그는 패러 세일링 장비를 점검하고 있습니다. 중앙에 있는 소녀는 구명조끼와 패러 세일 벨트를 입고 있습니다. 오른쪽에 있는 남자는 흰 셔츠와 파란색 반바지를 입고 있습니다. 그는 낙하산의 줄을 잡고 있습니다.

5급 This picture is of a girl waiting for a parasailing ride and two men helping the girl. The man on the left who has a ponytail is wearing glasses, a white sleeless shirt and blue pants. He is checking the equipment. The girl in the middle wearing a life jacket and a harness of the parasail is ready for a parasailing ride. She is holding the ropes of the parasail. She looks so excited. The man on the right with curly hair is wearing a white T-shirt and pants. He is also holding the ropes of the parasail.

해설 이 사진은 패러 세일링을 타는 것을 기다리는 소녀와 그 소녀를 돕고 있는 두 사람에 대한 사진입니다. 머리를 묶고 있는 왼쪽의 남자는 안경을 쓰고, 하얀색 민소매 셔츠와 파란색 바지를 입고 있습니다. 그는 장비를 체크하고 있습니다. 구명 조끼와 패러 세일링 벨트를 입고 있는 가운데 있는 소녀는 패러 세일링 할 준비가 되어 있습니다. 그녀는 낙하산의 밧줄을 잡고 있습니다. 그녀는 매우 신나 보입니다. 오른쪽에 있는 곱슬 머리 남자는 흰 셔츠와 바지를 입고 있습니다. 그는 또한 낙하산의 밧줄을 잡고 있습니다.

Word

· parasailing : 패러 세일링   · parasail : 패러 세일링을 하다 / 패러 세일용 낙하산   · parasailing equipmet : 패러 세일링 장비
· life jacket : 구명 조끼

Q2

Describe this picture.
사진을 묘사하십시오.

아래의 사진은 사무실에서 일을 하고 있는 사람들입니다. 방향을 정해서 왼쪽의 여성을 먼저 묘사하고 오른쪽의 두 남녀를 묘사하도록 합니다. 사물의 묘사는 현재, 그리고 인물이 입고 있는 옷이나 하는 행동은 현재 진행형을 쓰도록 합니다.

 4급

This picture was taken in an office. On the left, there are two desks and two chairs. A woman is working with her computer at one of those two desks. Above the desks, there is a picture. On the right, there are a woman and a man. They are looking at a document. They seem to study it.

> **해설** 이 사진은 사무실에서 찍은 것입니다. 왼쪽에 두 개의 책상과 두 개의 의자가 있습니다. 한 여성이 그 두 개의 책상 중 하나에서 컴퓨터로 일을 하고 있습니다. 책상들 위쪽에 그림이 하나 있습니다. 오른쪽에는, 여자 한 명과 남자 한 명이 있습니다. 그들은 서류를 보고 있습니다. 서류를 검토하고 있는 것 같습니다.

138

5급

This picture is of three employees working in an office. On the left, a female employee is working at her desk typing on the computer. On the right, a woman and a man wearing formal attire are working together. The man is explaining something pointing to paper on the table with his pen, while the woman is listening up his explanation.

해설 사진은 사무실에서 일을 하고 있는 세 명의 직원들입니다. 왼쪽에는 한 여직원이 컴퓨터에 타이핑을 하면서 책상에서 일을 하고 있습니다. 오른쪽에는 정장을 입은 여성과 남성이 함께 일을 하고 있습니다. 그 남자는 펜으로 테이블 위에 있는 종이를 가리키면서 뭔가를 설명하고 있습니다. 반면 여성은 그 남자의 설명을 듣고 있습니다.

Word

• type on the computer : 컴퓨터에 타이핑을 하다   • formal attire : 정장   • point to : 가리키다

Q3

Describe this picture.
사진을 묘사하십시오.

아래의 사진은 레스토랑에서 찍은 사진입니다. 인물이 없는 사진은 보이는 사물들을 묘사하면 되는데, 한 방향을 정해서 차례로 묘사하거나 특징적인 것을 위주로 설명합니다. 사진에는 흰 테이블보가 있는 식탁이 즐비하고 각 테이블 위에 있는 조명이 가장 특징적이니, 우선 왼쪽에 있는 테이블 위의 와인, 와인 잔 그리고 책을 묘사하고, 테이블과 조명 순으로 묘사하면 정리된 답변이 되겠습니다.

4급 This picture was taken in a restaurant. On the left, there is a table and there are two wine glasses, a bottle of wine and two books on this table. The restaurant is full of tables with white tablecloths on them. On each table, there are a vase with a red flower, two glasses, and a glass with a candle inside. There are also a knife, a fork and napkin. Above the tables, there are cone-shaped lamps.

해설 이것은 식당에서 찍은 사진입니다. 왼쪽에, 테이블이 하나 있는데, 그 테이블 위에 두 개의 와인 잔과, 한 병의 와인, 그리고 두 권의 책이 있습니다. 이 식당은 하얀색 식탁보가 덮인 식탁들이 가득 차 있습니다. 각각의 테이블 위에는, 빨간 꽃이 있는 꽃병과, 두 개의 산, 그리고 촛불이 늘어 있는 유리잔이 있습니다. 또한, 나이프, 포크 그리고 냅킨도 있습니다. 테이블 위에는, 원뿔 모양의 등이 있습니다.

5급

This picture is of a well-decorated restaurant. First, on the left, there is a table where there are two books, a bottle of wine and two wine glasses. Square tables which are covered with white tablecloths are placed in a row. Each table is for four diners. It has two couples of glasses, cutlery and two candle glasses. In addition, there is a vase with a red flower. Above the tables, cone-shaped lamps are hanging from the ceiling. In the background, there are some windows with blinds and a picture on the wall.

해설 이것은 잘 꾸며진 식당 사진입니다. 우선, 왼쪽에 테이블이 있는데, 책 두 권, 와인 한 병, 그리고 두 개의 와인 잔이 있습니다. 흰색 테이블보로 덮인 사각 테이블이 줄지어 놓여 있습니다. 각각의 테이블은 네 사람용입니다. 두 쌍의 잔, 커트러리 그리고 두 개의 촛불이 들어 있는 잔이 있습니다. 또한, 빨간 꽃이 꽂힌 꽃병도 있습니다. 테이블 위에는 원뿔 모양의 등이 천장에 매달려 있습니다. 뒤쪽에는 블라인드가 처진 창문들이 있고, 벽에는 그림도 하나 있습니다.

Word

• tablecloth : 테이블보   • a glass of a candle inside / candle glass : 촛불이 들어 있는 유리잔   • cone-shaped : 원뿔 모양의
• cutlery : (식탁용) 날붙이류(나이프, 포크, 숟가락 등)   • hanging from the ceiling : 천장에 매달려 있는
• in the background : 뒤쪽에는

Q4

Describe this picture.
사진을 묘사하십시오.

아래 사진은 얼어 붙은 강 위에서 썰매를 타고 있는 어린이들의 사진입니다. 이 사진의 중심 인물은 중앙에 썰매에 앉아 있는 소녀입니다. 이 소녀를 먼저 묘사하고 나머지 두 어린이를 묘사합니다.

4급

This picture was taken in a frozen river. There are three children in the picture. The girl in the middle is sitting on a sled. The other two children are helping her riding a sled. One is pulling the sled and the other is pushing it.

해설 이 사진은 얼어 붙은 강에서 찍은 것입니다. 사진에는 세 명의 어린아이들이 있습니다. 중앙에 한 소녀가 썰매 위에 앉아 있습니다. 나머지 두 어린아이들이 그 소녀가 썰매 타는 것을 돕고 있습니다. 한 명은 썰매를 끌고 있고 나머지 한 명은 밀고 있습니다.

This is a picture of children playing on a frozen river. There are three children in the picture. A girl is riding a sled and the other two children are helping her. The girl in the middle is sitting on a sled with her leg stretched out. The child in front of her is pulling the sled with a rope attached to the sled and the child behind her is pushing the sled.

해설 이것은 얼어 붙은 강 위에서 놀고 있는 어린아이들의 사진입니다. 사진에는 세 명의 어린아이들이 있습니다. 한 소녀는 썰매를 타고 나머지 두 어린이들은 그녀를 돕고 있습니다. 중간에 있는 소녀는 다리를 벌리고 썰매에 앉아 있고, 그녀의 앞에 있는 어린이는 썰매에 연결된 줄로 그 썰매를 끌고 있고, 그녀 뒤에 있는 어린이는 썰매를 밀고 있습니다.

Word

• frozen river : 얼어 붙은 강   • sled 썰매   • one ⋯ the other : 둘 중에 하나는 ⋯ 나머지 하나는 ⋯   • pull the sled : 썰매를 끌다
• push the sled : 썰매를 밀다

아래는 회의실에 다섯 명의 사람들이 있는 사진입니다. 그들은 모두 정장을 입고 있고, 두 명씩 악수를 하고 있고, 나머지 한 명은 미소를 짓고 있습니다. 방향을 정해서 왼쪽 여성부터 차례로 묘사를 하는 것보다, 악수를 하고 있는 두 사람씩 묘사하고 마지막으로 앉아서 미소를 짓고 있는 여성을 묘사하는 것이 더 쉽습니다.

4급 This picture was taken in a meeting room. There are five people in the picture. They are all wearing formal attire. A woman and a man are standing and shaking their hands. Two men and a woman are sitting and the two men are shaking hands and the woman is smiling.

해설 이것은 회의실에서 찍힌 사진입니다. 사진에는 다섯 명의 사람들이 있습니다. 그들은 모두 정장을 입고 있습니다. 한 명의 여자와 한 명의 남자가 서 있고, 그 둘은 악수를 하고 있습니다. 두 남자와 한 여자는 앉아 있습니다. 그 두 남자는 서로 악수를 하고 있고, 그 여자는 미소를 짓고 있습니다.

5급

This picture shows five people standing and sitting around a round table in a meeting room. Among the five people, a woman on the left who is wearing a formal shirt and pants is shaking hands with a man in the middle wearing a tie and a suit. The rest three people are sitting and two men of them are shaking hands with each other and the woman is smiling looking at the other people. They seem to be happy after making a contract.

> **해설** 이것은 회의실의 둥근 테이블 주변에 서 있거나 앉아 있는 다섯 사람의 사진입니다. 다섯 명 중에, 왼쪽에 정장 셔츠와 바지를 입은 여인이 중앙에 넥타이와 양복을 입은 남자와 악수를 하고 있습니다. 나머지 세 명은 앉아 있는데, 그 중에 두 남자는 서로 악수를 하고 있고, 여자는 미소를 지으며 다른 사람들을 보고 있습니다. 그들은 계약을 체결하고 기뻐하는 것 같습니다.

Word --

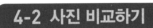

4-2 사진 비교하기

문제 유형 소개

제시된 두 개의 사진을 비교하는 문제입니다. 제시된 사진은 다른 종류의 두 개의 음식 또는 여가 생활 등을 나타내는 사진들입니다.

어떻게 답변할까?

앞에서 한 장의 사진을 주고 묘사를 하라는 문제와 똑같은 문제라고 할 수 있습니다. 단, 두 장의 사진이 주어졌으니, 각각의 사진에 담겨 있는 특징을 차례로 묘사하면 됩니다. 즉, 두 사진에 드러나 있는 유사점이나 차이점을 묘사합니다. 우선 왼쪽에 있는 그림에 대해 설명하고 on the other hand라는 표현을 쓴 후 오른쪽 사진의 특징을 묘사하면 정리된 답변이 됩니다.

Compare and contrast these two pictures.
두 사진을 비교 및 대조 하십시오.

아래의 두 사진은 여가를 즐기는 두 소녀의 모습입니다. 왼쪽 사진은 숲 속에서 자전거를 타고 있는 소녀의 모습이고, 오른쪽의 사진은 해변에서 책을 읽고 있는 소녀의 모습입니다. 이 두 소녀의 행동을 차례로 묘사해도 되고, 두 소녀의 여가 생활 모습을 비교하여 묘사해도 됩니다.

Let me compare these two pictures. The picture on the left is of a girl riding a bike in the forest. She is wearing a blue shirt and short jeans. Her bike is a black with a basket. On the other hand, the girl on the right picture is reading a book on the beach. She is wearing a white hair band and a bikini. She is reading on a beach chair.

해설 이 두 사진을 비교해 보겠습니다. 왼쪽에 있는 사진은 숲 속에서 자전거를 타고 있는 소녀의 사진입니다. 그녀는 파란색 셔츠와 청 반바지를 입고 있습니다. 그녀의 자전거는 바구니가 달렸고, 검은색입니다. 반면에, 오른쪽 사진에 있는 소녀는 해변에서 책을 읽고 있습니다. 하얀색 머리띠를 하고 비키니를 입고 있습니다. 그녀는 비치 의자에 앉아 책을 읽고 있습니다.

5급

Let me compare these two pictures which show two girls enjoy different leisure activities. On the left picture, there is a girl that is enjoying bike-riding in the shadows in the forest. The girl in a blue shirt and short jeans is riding a black bike with a basket. On the other hand, the activity that the girl on the right picture is enjoying is reading. The place where she is reading a book is beach. She is reading a book sitting on a beach chair. Considering that she is wearing a bikini and there is a beach bag beside the beach chair, she seems to be taking a rest reading a book after swimming in the sea.

해설 다른 여가 활동을 즐기고 있는 두 명의 소녀를 나타내고 있는 이 두 장의 사진을 비교해 보겠습니다. 왼쪽 사진에는 그림자가 드리운 숲 속에서 자전거 타기를 즐기는 소녀가 있습니다. 파란색 셔츠와 청 반바지를 입고 있는 소녀는 바구니가 달린 검은색 자전거를 타고 있습니다. 반면, 오른쪽 사진에 있는 소녀가 즐기고 있는 여가 활동은 독서입니다. 그녀가 독서를 즐기고 있는 장소는 해변입니다. 그녀는 비치 의자에 앉아서 책을 읽고 있습니다. 비키니를 입고 있고, 비치 의자 옆에 비치 가방이 있는 걸 고려해 봤을 때, 그녀는 바다에서 수영을 한 후 책을 읽으며 휴식을 취하고 있는 듯 합니다.

Q2

Compare and contrast these two pictures.

두 사진을 비교 및 대조 하십시오.

아래는 한국의 전통 건축물인 동대문과 현대식 건물의 사진입니다. 건물 자체의 모양을 묘사해도 좋고, 도심 한 복판의 전통적인 건축물과, 숲으로 둘러 싸인 현대식 건물을 대조해서 묘사해도 좋습니다.

 Let me compare these two pictures. The picture on the left is of a traditional Korean structure. It is a two-storied building with Korean traditional roof tiles called 기와. On the other hand, the picture on the right is of a modern building. It is a tall and the exterior wall is made of glass.

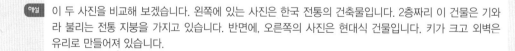 이 두 사진을 비교해 보겠습니다. 왼쪽에 있는 사진은 한국 전통의 건축물입니다. 2층짜리 이 건물은 기와라 불리는 전통 지붕을 가지고 있습니다. 반면에, 오른쪽의 사진은 현대식 건물입니다. 키가 크고 외벽은 유리로 만들어져 있습니다.

5급 Let me compare these two pictures. They show a Koran traditional structure in the downtown and a modern building in the suburbs. The traditional building on the left has beautiful roof tiles called 기와. It is called Dongdaemun, which was a gate that was used to protect the city from enemies. It is located in downtown where a lot of cars are passing by. On the other hand, the modern building on the right is a skyscraper and its exterior wall is made of glass. It seems to be in the suburbs because there are no other buildings nearby and there are trees in front of it.

해설 이 두 장의 사진을 비교해 보겠습니다. 그것들은 도심에 있는 한국의 전통적인 건축물과 교외에 있는 현대식 건물입니다. 왼쪽에 있는 전통 건물은 기와라 불리는 아름다운 지붕을 가지고 있습니다. 동대문이라 불리는 이 건물은 도시를 적으로부터 지키는 데 사용되는 문이었습니다. 많은 차가 지나다니는 도심에 위치해 있습니다. 반면에, 오른쪽에 있는 현대식 건물은 고층 건물이고 유리로 만들어져 있습니다. 이 건물은 교외에 있는 것 같습니다. 왜냐하면 주변에 다른 건물이 없고 건물 앞에 많은 나무들이 있기 때문입니다.

Word

• protect A from B : A를 B로부터 막아내다　• enemy : 적　• skyscraper : 고층빌딩
• in the suburbs : 교외에서

Q3

Compare and contrast these two pictures.
두 사진을 비교 및 대조 하십시오.

아래의 사진은 배낭과 서류 가방입니다. 생김새를 차례대로 묘사하거나, 등산이나 배낭 여행에 적합한 배낭과 서류 등을 넣고 다니기에 적합한 서류 가방의 다른 용도를 설명한 후 생김새를 묘사해도 됩니다.

 Let me compare these two pictures. The picture on the left is of a backpack with strap buckles. It is blue and dark blue and it has two couples of pockets on both sides. On the other hand, the picture on the right is of a briefcase. It is black and made of leather. It has also a handle and buckles.

해설 이 두 사진을 묘사해 보겠습니다. 왼쪽에 있는 사진은 스트랩 버클이 달린 배낭입니다. 파랑과 진한 파랑 색이고 양쪽에 두 쌍의 주머니가 있습니다. 반면, 오른쪽에 있는 사진은 서류 가방입니다. 검은색이며 가 죽으로 만들어졌습니다. 손잡이와 버클도 달려 있습니다.

The given two pictures show two different kinds of bags: one is a backpack used for hiking or backpacking and the other is a briefcase for carrying documents. First, the picture on the left is a backpack with strap buckles. This blue and dark blue bag has two couples of pockets on both sides. On the other hand, the black briefcase on the right picture is made of leather. It has a handle and snap buckles.

해설 주어진 두 사진은 다른 종류의 가방을 보여주고 있습니다. 하나는 등산이나 배낭여행에 쓰이는 배낭이고, 다른 하나는 서류 등을 갖고 다니기 위한 서류 가방입니다. 우선, 왼쪽에 있는 사진은 스트랩 버클이 달려 있는 배낭입니다. 이 파랑과 진한 파랑색의 가방은 양쪽에 두 쌍의 주머니가 달려 있습니다. 다른 한편, 오른쪽에 있는 검은색 서류 가방은 가죽으로 만들어져 있고, 손잡이와 스냅 버클이 달려 있습니다.

Word

• backpack : 배낭 • briefcase : 서류 • leather : 가죽 • backpacking : 배낭여행 • strap buckle : 스트랩 버클
• snap buckle : 스냅 버클 • handle : 손잡이

Q4

Compare and contrast these two pictures.
두 사진을 비교 및 대조 하십시오.

아래의 두 사진은 비빔밥과 토마토 소스 파스타의 사진입니다. 이 두 가지 음식의 재료 등을 차례로 묘사해도 좋고, 한국을 대표하는 비빔밥과 이탈리아를 대표음식 파스타를 대조해서 묘사해도 좋습니다.

4급 Let me compare these two pictures. The picture on the left is of a Korean traditional food, Bibimbap. It is rice with seasoned vegetables. The red sauce on the top is red chili paste called Gochujang. On the other hand, the picture on the right is of Italian pasta with tomato sauce. It comes with some garlic bread and vegetables.

해설 이 두 사진을 비교해 보겠습니다. 왼쪽 사진은 한국의 전통 음식, 비빔밥입니다. 밥과 양념을 한 나물들입니다. 그리고 위에 있는 빨간 소스는 고추장입니다. 반면, 오른쪽에 있는 사진은 토마토 소스 파스타입니다. 마늘 빵과 채소가 같이 나옵니다.

Let me compare these two pictures. The two pictures show two different foods that represent Korea and Italy respectively. The food that is on the left picture is a Korean traditional dish called Bibimbap, whose meaning is mixed rice. The dish is served as a bowl of rice, some seasoned vegetables and red chili paste called Gochujang. The rice and vegetables are mixed together before eating. On the other hand, the picture on the right is Italian tomato sauce pasta which is served with garlic bread and a vegetable garnish.

해설 두 사진을 비교해 보겠습니다. 이 두 사진은 각각 한국과 이탈리아를 대표하는 두 개의 음식을 보여주고 있습니다. 왼쪽 사진에 있는 음식은 비빔밥이라 불리는 한국의 전통 음식입니다. 비빔밥의 뜻은 비벼진 밥 입니다. 이 음식은 밥, 양념이 된 나물 그리고 고추장이라 불리는 소스가 한 그릇 안에 제공됩니다. 밥과 나물은 먹기 전에 함께 비벼집니다. 다른 한편, 오른쪽에 있는 사진은 이탈리아의 토마토 소스 파스타로 마늘 빵과 채소 가니쉬가 함께 제공됩니다.

Word

· rice : 밥   · seasoned vegetables : 양념한 나물   · red chili paste called : 고추장   · garlic bread : 마늘 빵
· garnish : 가니쉬

4-3 사진 보고 선호도 이야기하기

 문제 유형 소개

제시된 두 장의 사진 중에 더 좋아하는 것을 선택하는 문제입니다. 질문은 'Which do you prefer…?'로 시작됩니다.

 어떻게 답변할까?

정해져 있는 답변은 없습니다. 또한, 정직하게 자신이 좋아하는 것을 선택할 필요는 없습니다. 두 개의 사진 중에 더 익숙하고 표현하기 쉬운 것을 선택하고, 선호하는 이유를 덧붙이면 됩니다.

Which do you prefer to live, in a log cabin in the countryside, or in a city on the coast?
시골의 통나무집과 해안 도시 중 어디에 사는 게 더 좋으십니까?

왼쪽은 시골의 통나무집 사진이고, 오른쪽은 해안에 있는 도시의 사진입니다. 이 두 장소 중에서 살고 싶은 곳을 이야기 합니다. 시골의 통나무집의 장점은 한적하고 조용한 반면 주변에 편리시설이 없어 불편할 수 있습니다. 오른쪽의 해안가 도시는 도시의 편리함과 함께 좋은 바닷가 풍경 그리고 워터 스포츠를 즐길 수 있는 장점이 있습니다. 이를 고려해서 답변을 작성해 봅니다.

I prefer to live in a city on the coast because I love enjoying water sports. Every summer, I go to the beach to enjoy water sports such as scuba diving and surfing. In winter, I even fly to a warm foreign country to enjoy them. Therefore, if I lived in a city on the coast, I could enjoy myself all the time. If I lived in countryside, I would be bored because there is nothing to do.

해설 저는 해안가 도시에 사는 게 더 좋습니다. 왜냐하면 수상 스포츠를 즐기는 것을 좋아하기 때문입니다. 매년 여름, 저는 스쿠버 다이빙이나 서핑과 같은 수상 스포츠를 즐기기 위해서 바닷가로 갑니다. 겨울에도 따뜻한 해외로 가서 즐길 정도입니다. 만일 제가 해안가 도시에 산다면 항상 즐겁게 지낼 수 있을 겁니다. 만일 제가 시골에 산다면 할 일이 없어서 심심할 것입니다.

The place that I want to live in is a city on the coast. First, I am a city person. That is, I was born and raised in a big city so I cannot imagine living in a log cabin in the countryside. It seems that there are no commercial and cultural facilities nearby, which is such an inconvenience for me to tolerate. Second, I love water sports. Regardless of the season, I want to enjoy them. Living in the countryside doesn't interest me since it cannot offer what I am accustomed to and what I enjoy.

해설 제가 살고 싶은 장소는 해안가의 도시입니다. 우선, 저는 도시 사람입니다. 즉, 대도시에서 태어나 자라서 시골의 통나무집에서 사는 것을 상상할 수 없습니다. 가까이에 상업 시설이나 문화 시설이 없는 것처럼 보이는데, 저는 이런 불편함을 감내할 수 없을 것입니다. 두 번째로, 저는 수상 스포츠를 매우 좋아합니다. 계절에 상관없이, 저는 수상 스포츠를 즐기고 싶습니다. 시골에서 사는 것이 흥미롭지 않은데, 왜냐하면 제게 익숙하고, 제가 즐기는 것을 제공하지 못하기 때문입니다.

Word

· log cabin : 통나무집   · water sports : 수상 스포츠   · city person : 도시 사람
· commercial and cultural facility : 상업적, 문화적 시설   · inconvenience : 불편함   · tolerate : 견디다, 참아내다

Q2

Which one do you prefer for grocery shopping, an open air market or a grocery store?

야외 시장과 식료품점 중에 식료품 쇼핑을 위해 더 좋은 곳은 어디입니까?

야외 시장과 식료품점 중에 식료품을 사러 가기에 더 좋은 장소를 묻는 문제입니다. 야외 시장은 에누리가 가능하고 덤도 받을 수 있지만, 보통은 도심에서 멀리 떨어져 있고, 주차 시설이 없는 반면, 식료품점은 주차장이 완비되어 있어서 주차 걱정을 할 필요가 없고, 식료품이 잘 진열되어 있어서 쇼핑을 단시간에 끝낼 수도 있는 장점이 있습니다. 이 장점과 단점을 고려해서 답변을 작성해 봅니다.

I prefer to shop in a grocery store because it is more time saving. When I go shopping in an open air market, I tend to spend too much time searching for a parking space because there is no parking lot nearby. However, when I go shopping in a grocery store, I don't need to worry about it. I can park in the parking lot next to the store.

해설 저는 식료품점에서 쇼핑하는 것을 더 좋아합니다. 그 이유는 시간을 절약할 수 있기 때문입니다. 제가 야외 시장으로 장을 보러 갈 때, 주차 공간을 찾기 위해 너무 많은 시간을 쓰는 경향이 있습니다. 왜냐하면 주변에 주차장이 없기 때문입니다. 하지만, 식료품점에서 쇼핑을 하면, 이런 걱정을 할 필요가 없습니다. 저는 상점 옆에 있는 주차장에 주차할 수 있습니다.

5급

Shopping in a grocery store is more preferable to shopping in an open market since it saves me time. Usually, open air markets are far away from the downtown and they don't have car parking. Therefore, it requires me more time to travel there and park. Meanwhile, it takes less than an hour to finish shopping in a grocery store. I park my car in a parking lot located next to the store, and I move from aisle to aisle picking up groceries.

해설 식료품점에서 쇼핑하는 것이 야외 시장에서 쇼핑하는 것보다 더 좋습니다. 왜냐하면 시간을 절약할 수 있기 때문입니다. 보통, 야외 시장은 도심에서 멀리 떨어져 있고 주차장을 갖추고 있지 않습니다. 따라서 거기까지 가고 주차를 하는 데 더 많은 시간을 필요로 합니다. 반면, 식료품점에서는 한 시간 이내로 쇼핑을 끝낼 수 있습니다. 저는 식료품점 옆에 있는 주차장에 주차를 하고 식료품점의 복도를 따라 식료품을 담기만 하면 됩니다.

Word

• open air market : 야외 시장   • parking lot : 주차장   • grocery store : 식료품점
• from aisle to aisle : (수퍼 마켓 등의 상품이 진열된) 통로에서 통로로

Q3

Which do you prefer, a laptop, or a tablet PC?
노트북과 태블릿 PC 중에 어느 것을 더 좋아합니까?

태블릿 PC의 장점은 노트북보다 가벼워서 휴대하기 편하고, 배터리 수명이 더 깁니다. 또한, 이동 중에 차 안이나 비행기 안에서도 다루기 쉽습니다. 스마트폰이 가지고 있는 카메라 등의 기능도 가지고 있습니다. 반면 노트북의 장점은 실질적인 키보드가 있다는 것으로, 태블릿 PC의 터치 스크린 위에 터치할 수 있는 가상의 키보드 보다 더 편리합니다. 또한 저장 용량이 태블릿 PC 보다 더 큽니다. 또한 DVD나 CD드라이브가 있다는 것입니다. 두 기기의 이런 점을 고려해서 하나를 선택한 후 장점을 나열하면 좋은 답변이 됩니다.

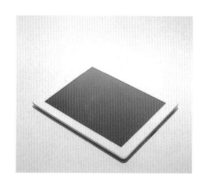

I prefer a tablet PC to a laptop. It is thinner and lighter than a laptop so it is comfortable when I carry it. Moreover, its battery lasts longer than the laptop's. When I use a laptop, I have to recharge it every three hours but when I use a tablet PC, I don't need to. That's why I prepfer the tablet PC.

해설 저는 노트북보다 태블릿이 더 좋습니다. 노트북보다 얇고 가벼워서, 가지고 다닐 때 편리합니다. 게다가, 배터리 수명도 노트북보다 더 깁니다. 제가 노트북을 사용할 때에는 세 시간마다 배터리를 충전해야 하는데, 태블릿 PC를 쓸 때에는 그럴 필요가 없습니다. 이런 이유로 저는 태플릿 PC를 더 좋아합니다.

5급 There are advantages and disadvantages of both the laptop and the tablet PC, but I think that the tablet PC is better than the laptop. First, it is less cumbersome. When I have to get work done while traveling, I just turn it on and do my work. On the other hand, when I use a laptop, I have to flip open it and find a flat surface to put it on. Actually, I don't think I can work while traveling using a laptop. Second, it has far better battery life than the laptop. The tablet PC has battery life that lasts up to one day, whereas the laptop's battary lasts only 3 or 4 hours.

해설 노트북과 태블릿 둘 다 장점과 단점을 가지고 있지만, 저는 태블릿이 노트북보다 더 낫다고 생각합니다. 우선, 다루기 용이합니다. 제가 이동중에 일을 처리해야 할 때, 저는 태블릿을 켜고 그냥 일을 하면 됩니다. 반면에, 제가 노트북을 쓰면, 접혀진 걸 펴야하고, 올려 놓을 평편한 곳을 찾아야 합니다. 사실, 이동중에 노트북을 사용해서 일을 할 수 있을 것 같지는 않습니다. 다음으로, 태블릿이 랩탑보다 배터리 수명이 훨씬 좋습니다. 태블릿 수명은 하루까지 지속되지만, 반면에 노트북의 배터리는 3시간이나 4시간만 지속됩니다.

Word

• last : 지속되다, 계속되다   • cumbersome : 크고 무거운, 다루기 힘든
• flip open : (접힌 것을) 젖혀서 열다   • battery life : 배터리 수명

Q4

Which do you prefer for dessert, cake or rice cake?
케익와 떡 중에 디저트로 어떤 것을 더 좋아합니까?

케익과 떡 중에 디저트로 더 좋아하는 것을 고르는 문제입니다. 케익은 서양 디저트이고 떡은 한국 디저트이므로 같이 마시는 음료가 커피일 때에는 케익, 수정과나 식혜와 같이 음료일 때에는 떡이 어울린다고 할 수 있습니다. 따라서 '주로 마시는 음료가 커피이기 때문에 케익이 좋다'로 답변을 구성하면 좋은 답변이 되겠습니다.

 4급

I prefer cake because it goes well with coffee. Cake is sweet and soft so when I eat it with coffee, it melts in mouth. If I had rice cake with coffee, it would taste bizarre. I think rice cake is for Korean traditional drink like Su-jeong-gwa or Sikhye.

해설 저는 케익을 더 좋아합니다. 왜냐하면 커피와 잘 어울리기 때문입니다. 케익은 달콤하고 부드러워서 커피와 함께 먹으면 입안에서 녹습니다. 만일 커피와 떡을 함께 먹는다면 맛이 이상할 것입니다. 제 생각에는 떡은 수정과나 식혜와 같은 한국의 전통 음료를 위한 것입니다.

5급

The dessert I prefer is cake because it goes well with coffee that I enjoy. Moreover, I usually have Korean food, especially salty and spicy one, so I feel like a sweet dessert like cake or ice-cream, which will be the perfect ending to the meal I usually have.

> **해설** 제가 더 좋아하는 디저트는 케익입니다. 왜냐하면 제가 즐기는 커피와 잘 어울리기 때문입니다. 게다가, 저는 보통은 한식을 먹는데, 특히나 짜고 매운 음식을 먹습니다. 그래서 케익이나 아이스크림과 같이 달콤한 디저트를 먹고 싶습니다. 이것이 제가 주로 먹는 식사의 완벽한 끝마무리가 될 것입니다.

Word

・rice cake : 떡   ・A go well with B : A와 B가 잘 어울리다   ・bizarre : 이상한

그래프 묘사하기

 문제 유형 소개

제시된 파이 그래프를 보고 그래프가 나타내는 정보를 설명하는 문제입니다. 파이 그래프는 원 전체를 100%로 보고 각 항목의 비율을 파이 모양 면적으로 표현한 것입니다. 그래프는 대개는 복잡하지 않고 한 눈에 파악할 수 있는 간단한 것들입니다. 그래프의 묘사가 끝난 후에는 추가 질문이 이어질 수 있는데, 그래프에 나타난 데이터에 관한 것이나 혹은 그래프 주제에 관한 응시자의 의견을 묻는 것일 수 있습니다.

 어떻게 답변할까?

답이 정해져 있는 것은 아니나 그래프가 나타내고 있는 것을 객관적으로 묘사하는데 중점을 둡니다. 우선은 그래프가 나타내고 있는 주제가 무엇인지, 어떤 항목이 있는지 말합니다. 그리고 각각의 파이가 나타내고 있는 데이터를 크기 순으로 나열하거나 아니면 가장 많은 것과 가장 적은 것을 말해도 됩니다.

답변 구성을 다음과 같이 하시고, 1번과 6번 즉 첫 문장과 마지막 문장은 필수 사항은 아니지만, 첫 번째 문장을 하면서 파이 그래프의 제목과 그래프에 있는 항목들을 파악하고, 마지막 문장은 '이제 내 대답이 끝났다'라고 말하는 것으로 정리된 답변으로 들립니다.
1. Let me describe this pie graph.
2. This pie graph shows 그래프 제목
3. There are 그래프의 항목 개수 portions: 항목을 나열
4. The largest portion is for 가장 큰 항목, whereas the smallest portion is for 가장 작은 항목
5. This is about the description of this pie graph.

다음은 한국인이 좋아하는 SNS를 나타낸 그래프로, 페이스북을 비롯해 다섯 개의 SNS 의 비율을 나타내고 있습니다. 가장 큰 비율을 나타내는 페이스북과 가장 작은 비율을 나 타내는 핀터레스트 만을 묘사해도 되고, 좀 더 상세한 묘사를 할 경우에 가장 큰 비율부터 작은 비율을 차례대로 묘사할 수 있습니다.

Favorite Social Networking Sites in Korea

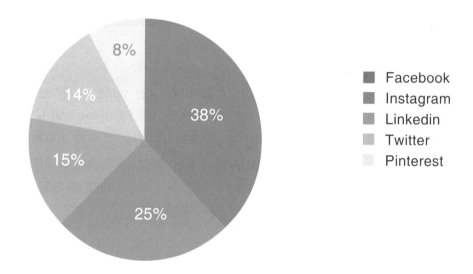

- Facebook
- Instagram
- Linkedin
- Twitter
- Pinterest

Word

• social networking site : SNS

Let me describe this pie graph. This pie graph represents favorite social networking sites in Korea. There are five portions: Facebook, Instagram, Twitter, Pinterest and Linkedin. The largiest portion is for Facebook with 38%, whereas the smallest portion is for Pinterest with only 8%. This is the description of this pie graph.

> 해설 이 파이 그래프를 묘사해 보겠습니다. 이 파이 그래프가 나타내고 있는 것은 한국에서 가장 선호되는 소셜 네트워킹 사이트입니다. 5개의 부분이 있는데, 페이스북, 인스타그램, 트위터, 핀터레스트 그리고 링키드인 입니다. 가장 큰 부분은 페이스 북으로 38%이며, 가장 작은 부분은 핀터레스트로 오직 8%입니다. 이상이 이 파이 그래프에 대한 묘사였습니다.

Let me describe this pie graph. This pie graph represents favorite social networking sites among Koreans. Among the five different sites such as Facebook, Instagram, Twitter, Pinterest and Linkedin, Facebook is the most liked by Korean people. Thirty eight percent of Korean people like this site, which were followed by Instagram and Linkedin with 25% and 15% respectively. Those who like Twitter accounts for 14% . Pinterest is the least favorite SNS since only 8 % of Korean people like this site. This is the description of this pie graph.

> 해설 이 파이 그래프를 묘사해 보겠습니다. 이 파이 그래프가 나타내고 있는 것은 한국인들이 좋아하는 소셜 네트워킹 사이트입니다. 페이스북, 인스타그램, 트위터, 핀터레시트 그리고 링키드인과 같은 다섯 개의 다른 사이트 중에 페이스북이 한국인들이 가장 좋아하는 사이트입니다. 한국인의 38퍼센트가 이 사이트를 좋아합니다. 다름으로 인스타 그램과 링키드인이 25%와 15%로 그 뒤를 잇고 있습니다. 트위터를 좋아하는 사람들은 14%입니다. 핀터레스트가 가장 덜 선호되는 SNS인데, 8%만이 이 사이트를 좋아합니다. 이상이 이 파이 그래프에 대한 묘사였습니다.

Word

• represent : 나타내다/보여주다   • account for : …를 구성하다. 차지하다   • among : 사이에   • different : 다른
• be followed by : 다음에 …가 온다. 다음은 …이다.   • since : …이기 때문에

1
추가
질문

What's your favorite social networking site?
당신이 가장 좋아하는 소셜 네트워킹 사이트는 무엇입니까?

My favorite SNS is facebook as well. It is convenient because I just scroll down to see what is going on for my friends. I also like the notification fuction, which reminds me of my friends' birthdays. I can send a birthday message for them.
제가 가장 좋아하는 SNS는 역시 페이스북입니다. 페이지를 쭉 내리면 친구들의 소식을 볼 수 매우 편리합니다. 또한, 알림 기능을 좋아하는데, 제 친구들의 생일이 언제인지 알려 줘서, 친구들에게 생일 축하 메시지를 보낼 수 있습니다.

2
추가
질문

Why do you think people like SNS?
왜 사람들이 SNS를 좋아한다고 생각하십니까?

I think some people like it because they can keep in touch with their frineds or relatives living abroad. However, there are some people post their special events or luxurious belongings because they want to attract other people's attention.
제 생각에는 몇몇 사람들은 해외에 살고 있는 친구와 친척들과 계속 연락을 할 수 있어서 좋아하는 것 같습니다. 하지만 어떤 사람들은 그들의 특별한 이벤트나 사치스런 소지품을 올리는데 다른 사람들의 관심을 끌고 싶어하기 때문입니다.

Word
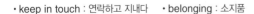

• keep in touch : 연락하고 지내다　　• belonging : 소지품

Describe this pie graph.
파이 그래프를 묘사하십시오.

다음은 스트레스와 관련된 질병을 앓고 있는 전문직 종사자들의 비율을 나타내고 있습니다. 의사를 비롯한 다섯 개의 직업 중에 교사가 가장 많은 비율을 그리고 프로그래머가 가장 작은 비율을 나타내고 있습니다. 파이 그래프를 소개한 뒤 이 두 개의 파이만 언급해도 되고, 큰 비율에서 작은 비율 순으로 묘사하면서 자세한 묘사를 해도 좋습니다.

Professionals suffering from the stress related illness

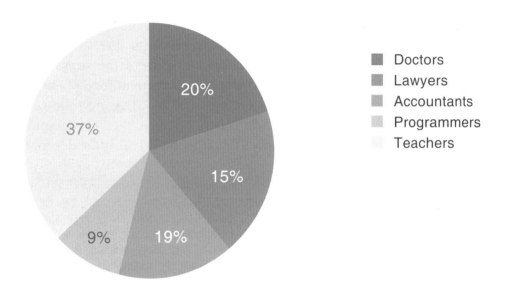

■ Doctors
■ Lawyers
■ Accountants
■ Programmers
■ Teachers

Word

- professional : 전문직 종사자
- doctor : 의사
- lawyer : 변호사
- accountant : 회계사
- programmer : 프로그래머
- teacher : 교사
- stress related illness : 스트레스 관련 질병

4급 Let me describe this pie graph. This pie graph represents the percentage of professionals suffering from the stress related illness. It has five portions: doctors, lawyers, accountants, programmers, and teachers. The largest portion is for teachers with 37%. On the other hand, the smallest portion is for programmers with 9%. This is the description of this pie graph.

> 해설 이 파이 그래프를 묘사하겠습니다. 이 파이 그래프가 묘사하고 있는 것은 스트레스 관련 질병을 앓고 있는 전문직업인의 퍼센티지입니다. 다섯 개의 부분이 있는데, 의사, 변호사, 회계사, 프로그래머 그리고 교사입니다. 가장 큰 부분은 교사로 37%입니다. 반면, 가장 작은 부분은 프로그래머로 9%입니다. 이상 이 파이 그래프에 대한 묘사였습니다.

5급 Let me describe this pie graph. This pie graph presents data on the percentage of professionals suffering from stress due to their jobs. According to the given data, teachers suffer from the stress related illnesses more than other professionals. They account for 37% of those who are suffering from the stress related illness. They are followed by doctors and accountants with 20% and 19% respectively. Programmers suffer the least amounting to only 9% of the total. This is the description of this pie graph.

> 해설 이 파이 그래프를 묘사해 보겠습니다. 이 파이 그래프가 나타내고 있는 것은 직업에서 오는 스트레스를 겪고 있는 전문직업인의 퍼센티지에 관련된 데이터입니다. 주어진 데이터에 따르면 교사인 다른 직업인보다 더 많은 스트레스 관련 질병을 앓고 있습니다. 스트레스 관련 질병을 앓고 있는 사람 중 37%를 차지하고 있습니다. 그 다음은 의사가 20%, 회계사가 19%입니다. 프로그래머는 전체의 9%를 차지해서 가장 적은 스트레스 관련 질병을 앓고 있습니다. 이상이 파이 그래프에 대한 묘사였습니다.

Word

• suffer from : 겪다, 고통 받고 있다   • according to the given data : 주어진 데이터에 따르면   • those who : …하는 사람들
• amounting to (합계가) : …에 이르는

1
추가
질문

Why do you think that teachers are those who suffer the most?
왜 교사가 스트레스 관련 질병에 가장 많이 시달리고 있다고 생각하십니까?

I think teaching students is a very stressful thing. In the past, students used to obey their teachers but nowadays they don't respect their teachers. I have even read an article about violence between the teacher and students in class.
학생을 가르치는 것이 매우 스트레스 쌓이는 일이라 생각합니다. 과거에는 학생들이 교사의 말을 잘 따랐지만, 지금은 교사를 존경하지 않습니다. 저는 학교에서 학생과 교사와의 폭력에 관한 기사를 읽은 적이 있습니다.

2
추가
질문

How do you deal with stress at work?
회사에서 스트레스를 어떻게 처리합니까?

I go swimming after work every day. I swim for about one hour, which makes me forget about stressful situations at work and relieve stress.
전 매일 일이 끝나고 수영을 하러 다닙니다. 약 한 시간 동안 수영을 하는데, 회사에서 있었던 스트레스 상황에 대해 잊게 해줘서 스트레스를 풀어 줍니다.

Word

다음은 온실가스를 배출하는 출처를 비율로 나타낸 파이 그래프입니다. 전기를 비롯한 다섯 개의 출처 중 산업이 가장 많은 비율을 그리고 난방이 가장 작은 비율을 나타내고 있습니다. 파이 그래프를 소개한 뒤 이 두 개의 파이만을 언급해도 되고, 큰 비율에서 작은 비율 순으로 묘사하면서 자세한 묘사를 해도 좋습니다.

Sources of Greenhouses Gas Emissions

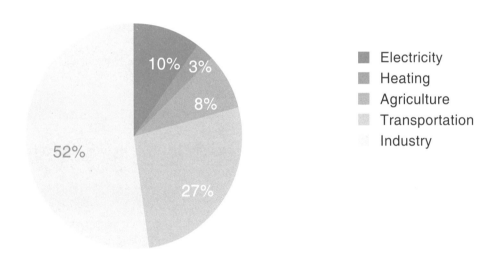

- ■ Electricity
- ■ Heating
- ■ Agriculture
- ■ Transportation
- ■ Industry

Word

- greenhouse gas emissions : 온실가스 방출　• agriculture : 농업　• heating : 난방　• electricity : 전기
- transportation : 교통　• industry : 산업

Let me describe this pie graph. This pie graph represents the percentage of sources of greenhouse gas emissions. It has five portions: agriculture, heating, electricity, transportation and industry. The largest portion is for the industry with 52%. On the other hand, the smallest portion is for heating with 3%. This is the description of this pie graph.

해설 이 파이 그래프에 대해서 묘사해 보겠습니다. 이 파이 그래프가 나타내고 있는 것은 온실 가스 배출의 출처의 백분율입니다. 다섯 개의 부분이 있는데, 농업, 난방, 전기, 운송 그리고 산업입니다. 가장 큰 부분은 산업으로 52%입니다. 반면, 가장 작은 부분은 난방으로 3%입니다. 이상이 이 파이 그래프에 대한 묘사였습니다.

Let me describe this pie graph. This pie graph presents data on the percentage of sources of greenhouse gas emissions. As is represented in the graph, the industry emits the largest percentage of greenhouse gases, which is 52%. It was followed by transportation and electricity with 27% and 10% respectively. Agriculture accounts for 8% of the total greenhouse gas emissions. Only 3% of the total green house gases is emitted by heating. This is the description of this pie graph.

해설 이 파이 그래프에 대해 묘사해 보겠습니다. 이 파이 그래프는 온실 가스 배출의 출처를 백분율로 보여주고 있습니다. 그래프에서 보여지듯이, 산업이 가장 많은 퍼센티지의 온실 가스를 배출하고 있는데 52%입니다. 그 다음으로는 운송이 27%, 전기가 10% 순입니다. 농업은 전체 온실 가스 배출의 8%를 차지하고 있습니다. 전체 온실 가스의 3%만이 난방에 의해 배출됩니다. 이상이 이 파이 그래프에 대한 묘사였습니다.

Word

• represent : 나타내다/보여주다　• account for : …를 구성하다. 차지하다　• among : 사이에　• different : 다른
• be followed by : 다음에 …가 온다. 다음은 …이다.　• since : …이기 때문에

What can you do to reduce greenhouse gas emissions?
온실 가스를 줄이기 위해 무엇을 할 수 있습니까?

First, I can use the public transportation instead of driving a car. I can also reduce the use of disposable goods such as wooden chopsticks or paper cups. At work, I use a mug instead of disposable cups.
우선, 차를 운전하기보다는 대중 교통을 이용할 수 있습니다. 또한 나무 젓가락이나 종이컵 등의 일회용품 사용을 줄일 수도 있습니다. 회사에서 저는 일회용 컵 대신에 머그잔을 이용합니다.

Word

• emit : 방출하다   • be followed by… : 다음엔…가 뒤 따른다. 다음으로는 …가 온다   • respectively : 각각

5-2 바 그래프

문제 유형 소개

제시된 바 그래프를 보고 그래프가 나타내는 정보를 설명하는 문제입니다. 바 그래프는 하나의 주제에 대해 조사된 여러 가지 항목들을 막대의 길이로 표현한 것으로, 수량의 상대적 크기를 비교할 때 흔히 사용됩니다. 제시된 바 그래프는 대개는 복잡하지 않고 한 눈에 파악할 수 있는 간단한 것들입니다. 그래프의 묘사가 끝난 후에는 추가 질문이 이어질 수 있는데, 그래프에 나타난 데이터에 관한 것이나 혹은 그래프 주제에 관한 응시자의 의견을 묻는 것일 수 있습니다.

어떻게 답변할까?

답이 정해져 있는 것은 아니나 그래프가 나타내고 있는 것을 객관적으로 묘사하는데 중점을 둡니다. 우선은 그래프가 나타내고 있는 주제가 무엇인지, 수직축과 수평축이 무엇을 나타내는지 말합니다. 그리고 각각의 막대가 나타내고 있는 데이터를 크기순으로 나열하거나 가장 큰 데이터나 가장 작은 데이터만을 말합니다.

답변 구성을 다음과 같이 하고, 1번과 6번 즉 첫 문장과 마지막 문장은 필수 사항은 아니지만, 첫 번째 문장을 이야기 하면서 하면서 제목, 수평축 및 수직축을 파악하고, 마지막 문장은 '이제 내 대답이 끝났다'는 것으로 정리된 답변으로 들립니다.

1. Let me describe this bar graph.
2. This bar graph shows 그래프 제목
3. The horizontal axis represents 수평축의 나타내는 데이터의 내용
4. The vertical axis represents 수직축이 나타내는 데이터의 내용
5. 막대가 나타내고 있는 데이터를 설명합니다.
6. This is about the description of this bar graph

Q1

Describe this bar graph.
바 그래프를 묘사하십시오.

다음은 학생들이 좋아하는 방과 후 활동에 관한 바 그래프로, 수평축은 4가지 방과 후 활동을 나타내고 수직축은 학생 수를 나타냅니다. 막대가 나타내는 데이터를 묘사할 때에는 가장 좋아하거나 가장 덜 좋아하는 두 개의 데이터만 묘사해도 되고, 좀 더 자세한 묘사를 한다면 가장 좋아하는 것에서 가장 덜 좋아하는 것의 순서대로 나열한 뒤 학생 수까지 언급합니다.

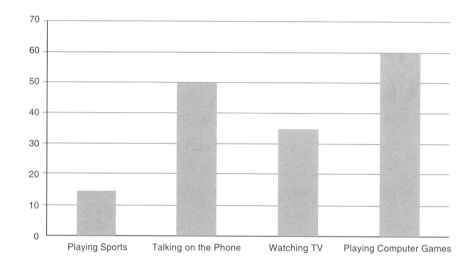

Students' Favorite After School Activities

Word

- after-school activities : 방과 후 활동 • playing sports : 스포츠 경기하기 • talking on the phone : 전화 통화하기
- watching TV : TV 시청 • playing computer games : 컴퓨터 게임하기

178

Let me describe this bar graph. This bar graph shows stduents' favorite after-school activities. The horizontal axis represents four activities: playing sports, talking on the phone, watching TV, and playing computer games. The vertical axis represents the number of students from 0 to 70. Students like the activity of playing computer games the most. On the other hand, students like the activity of playing sports the least. This is about the description of the bar graph about stuents' favorite after-school activities.

> **해설** 이 바 그래프를 묘사하겠습니다. 이 바 그래프가 보여주고 있는 것은 학생들이 가장 좋아하는 방과 후 활동들입니다. 수평축이 나타내고 있는 것은 4개의 활동들, 즉 스포츠하기, 전화 통화하기, TV보기, 그리고 컴퓨터 게임하기 입니다. 수직축이 나타내고 있는 것은 0부터 70까지의 학생들의 숫자입니다. 학생들은 컴퓨터 게임하기를 가장 좋아하며, 스포츠 활동을 가장 덜 좋아합니다. 이상이 학생들이 가장 좋아하는 방과 후 활동에 관한 바 그래프 묘사였습니다.

Let me describe this bar graph. The given bar graph presents the data on students' favorite after-school activities. The horizontal axis represents four activities: playing sports, talking on the phone, watching TV, and playing computer games. The vertical axis represents the number of students from 0 to 70. As is presented in this graph, the most favorite after-school activity is playing computer games. Sixty students say that they like this activity most. The second favorite activity is talking on the phone, which is followed by watching TV. The least favorite activity is playing sports. Only 15 students like this activity. This is about the description of this bar graph.

> **해설** 이 바 그래프를 묘사하겠습니다. 주어진 바 그래프는 학생들이 가장 좋아하는 방과 후 활동에 관한 데이터를 보여주고 있습니다. 수평축이 나타내고 있는 것은 4개의 활동들, 즉 스포츠하기, 전화 통화하기, TV 보기, 그리고 컴퓨터 게임하기입니다. 수직축이 나타내고 있는 것은 0부터 70까지의 학생들의 숫자입니다. 그래프에 나타나 있듯이, 가장 좋아하는 방과 후 활동은 컴퓨터 게임하기입니다. 60명의 학생들이 이 활동을 가장 좋아한다고 말합니다. 두 번째로 가장 좋아하는 활동은 전화 통화이고, 다음은 TV보기입니다. 가장 덜 좋아하는 활동은 스포츠 활동입니다. 15명의 학생만이 이 활동을 좋아합니다. 이상이 이 바 그래프에 대한 묘사였습니다.

Word

- like A the most : A를 가장 좋아한다.   • like A the least : A를 가장 덜 좋아한다   • as is presented in this graph : 이 그래프에 나타나 있듯이   • the most favorite after-school acitivity : 가장 좋아하는 방과후 활동   • the second favorite activity : 두 번째로 가장 좋아하는 활동   • be followed by A : A가 뒤따른다. 다음에는 A가 온다.

Why do you think students like playing computer games?
왜 학생들이 컴퓨터 게임을 가장 좋아한다고 생각합니까?

I think they like playing computer games because they can easily enjoy this activity. Today, students always carry their phones and are very familiar with them. Therefore, they can play computer games using their phones whenever and wherever. That's why they like it.
제 생각에는 쉽게 즐길 수 있기 때문에 컴퓨터 게임을 좋아한다고 생각합니다. 오늘날, 학생들은 항상 전화를 가지고 다니고, 전화기에 매우 친숙합니다. 따라서, 언제든지 어디서든지 전화기를 사용해서 컴퓨터 게임을 할 수 있습니다. 이것이 바로 학생들이 컴퓨터 게임을 좋아하는 이유입니다.

What's your favorite activity among these four activities? Do you also like computer games the most?
이 네 개의 활동 중에 당신이 가장 좋아하는 활동은 무엇입니까? 당신 역시 컴퓨터 게임을 가장 좋아하십니까?

Actually, I don't like computer games because it is very tiring. I work using a computer at work so I don't want to look at the screen during my free time. I prefer soccer. I can release stress while playing soccer.
사실상 저는 컴퓨터 게임을 좋아하지 않습니다. 왜냐하면 너무 피곤하게 하기 때문이죠. 저는 회사에서 컴퓨터를 사용해서 일을 하기 때문에 제 여가 시간에도 스크린을 보고 싶진 않습니다. 저는 축구를 더 좋아합니다. 축구를 하는 동안에 스트레스를 풀 수 있습니다.

Word

• carry : 휴대하다. 가지고 다니다　• be familiar with A : A에 친숙한, 익숙한　• whenever and wherever : 언제 어디서나
• tiring : 피곤한, 피곤함을 주는 / cf) tired : 피곤한, 피곤함을 느끼는　• screen : 스크린　• release stress : 스트레스를 풀다

다음은 다섯 개 직업군의 주당 평균 근무 시간을 나타낸 그래프로, 수평축은 5가지 직업을 나타내고 수직축은 시간 수를 나타냅니다. 막대가 나타내는 데이터를 묘사할 때에는 가장 많이 일하거나 가장 적게 일하는 두 개의 데이터만 묘사해도 되고, 좀 더 자세한 묘사를 한다면 평균 근무 시간이 긴 순서대로 나열한 뒤 몇 시간을 일하는지까지 묘사합니다.

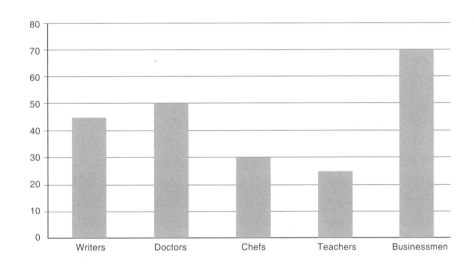

Average Working Hours Per Week

Word

• the average working hours per week : 주당 평균 근무 시간
• profession : 직업 - writer : 작가 / doctor : 의사 / chef 요리사 / teacher : 교사 / businessman : 사업가

Let me describe this bar graph. This bar graph shows the average working hours per week. The horizontal axis represents five professions: writers, doctors, chefs, teachers and businessmen. The vertical axis represents the number of hours from 0 to 80. Businessmen work for 70 hours per week, which is the longest hours among the five professions. On the other hand, teachers work for 25 hours per week, which is the shortest hours. This is about the description of this bar graph.

> 해설 이 바 그래프에 대해서 묘사해 보겠습니다. 이 바 그래프가 나타내고 있는 것은 주당 평균 근무 시간입니다. 수평축이 나타내고 있는 것은 5개의 직업, 즉 작가, 의사, 요리사, 교사, 그리고 사업가입니다. 수직축이 나타내고 있는 것은 0에서 80까지의 시간입니다. 사업가 일주일에 70시간을 일하는데, 이는 다섯 개의 직업 중에 가장 오랜 시간입니다. 반면에, 교사는 주당 25시간을 일을 하는데, 가장 짧은 시간입니다. 이상이 이 바 그래프에 대한 묘사였습니다.

Let me describe this bar graph. The given graph represents the average working hours per week by people of five different professions. The horizontal axis represents five professions: writers, doctors, chefs, teachers and businessmen. The vertical axis represents the number of hours from 0 to 80. As is presented in this graph, businessmen work 70 hours per week which is the longest among the average working hours of given professions. The second highest working hours per week are for doctors, who work 50 hours per week. Writers and chefs work for 45 and 30 hours per week repectively. The fewest hours are spent by teachers on their work, which is 25 hours per week. This is about the description of this bar graph.

> 해설 이 바 그래프를 묘사하겠습니다. 주어진 그래프가 나타내고 있는 것은 다섯 개의 다른 직업을 가진 사람들의 평균 주당 근무 시간입니다. 수평축이 나타내고 있는 것은 5개의 직업, 즉 작가, 의사, 요리사, 교사, 그리고 사업가입니다. 수직축이 나타내고 있는 것은 0에서 80까지의 시간입니다. 그래프에 나타나 있는 것과 같이, 사업가는 주당 70시간을 일하는데 주어진 직업의 평균 근무 시간 중에 가장 긴 시간입니다. 두 번째로 가장 높은 시간은 의사인데, 주당 50시간을 일합니다. 작가와 요리사는 각각 45시간 30시간을 일합니다. 가장 적은 시간을 일하는 직업은 교사들로써, 주당 25시간을 일합니다. 이상이 이 바 그래프에 대한 묘사었습니다.

Word

• work for 70 : 70 시간 동안 일한다   • the longest hours : 가장 오랜 시간   • respectively : 각각
• the fewest hours : 가장 적은 시간

Why do you think businessmen work for as many as 70 hours a week?
왜 사업가들이 주에 70시간씩이나 일한다고 생각합니까?

They have to take care of all the aspects of their businesses. Moreover, they run their own business so the more they work, they more money they make. That's why they work for many hours.
우선, 그들의 사업체의 모든 면을 신경 써야 합니다. 게다가, 그들이 자신의 사업체를 운영하기 때문에 일을 더 많이 하면 할수록 돈을 더 많이 법니다. 그래서 그렇게 많은 시간 일을 하는 것입니다.

How many hours do you work per week?
주당 몇 시간을 일하십니까?

I work for about 40 hours a week, but I sometimes work overtime.
저는 주에 40시간을 일하지만 때때로 야근을 하기도 합니다.

Word

Describe this bar graph.
바 그래프를 묘사하십시오.

다음은 미국에서의 하이브리드 차량의 세일을 나타낸 바 그래프로, 수평축은 2005년부터 2015년까지의 년도를 나타내고 수직축은 판매 수량을 나타냅니다. 막대가 나타내는 데이터를 묘사할 때에는 이 기간에 차량이 가장 많이 팔린 년도와 가장 적게 팔린 년도를 묘사해도 틀린 것은 아닙니다. 하지만, 전체적인 트랜드는 2005년부터 2012년까지는 판매가 계속 증가하다 그 다음해 부터 2015년부터 계속 하락한 것이니, 이 변화를 묘사합니다. 또한 과거 2005년부터 2015년까지의 데이터를 나타내고 있으므로 과거 시제를 사용합니다. 마지막으로, 큰 숫자가 나와서 당황할 수 있는데, 콤마 앞까지의 숫자를 읽고 콤마를 thousand로 읽어주면 됩니다. 즉, 400,000의 경우 400 thousand, 즉 four hundred thousand로 읽어줍니다.

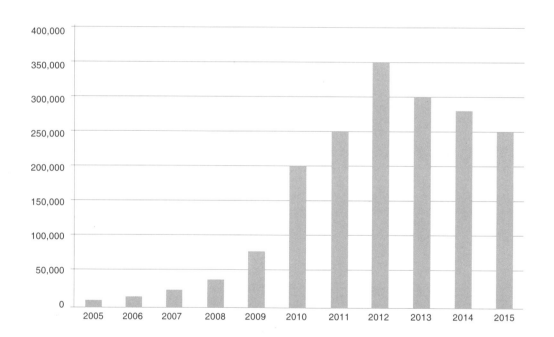

US Hybrid Vehicle Sales

Word

· the hybrid vehicle sale

Let me describe this bar graph. This bar graph shows the hybrid vehicle sale in the U.S.A. The vertical axis represents the number of cars sold from 0 to 400,000. The horizontal axis represents years from 2005 though 2015. In 2005, about 10,000 hybrid vehicles were sold. The sale continued to increase and 350,000 hybrid cars were sold in 2012. Then, the sale continued to decrease into 250,000 in 2015. This is about the description of this bar graph.

해설 이 바 그래프를 묘사해 보겠습니다. 이 바 그래프가 나타내고 있는 것은 미국에서의 하이브리드 자동차의 판매입니다. 수직축이 나타내고 있는 것은 판매된 차의 숫자로 0부터 4십만 대이고, 수평축이 나타내고 있는 것은 2005년부터 2015년도입니다. 2005년도에는 약 만 대의 하이브리드 자동차가 판매되었습니다. 판매는 계속 증가되어서 2012년에는 35만 대의 하이브리드 차가 판매되었습니다. 그리고 판매는 계속 감소해서 2015년에는 25만 대가 판매 되었습니다. 이상 이 바 그래프에 대한 묘사였습니다.

Let me describe this bar graph. The given graph represents the hybrid vehicle sale in the U.S.A. from 2005 through 2015. The horizontal axis represents years from 2005 though 2015. The vertical axis represents the number of cars sold from 0 to 400,000. As is presented in this graph, the sale of hybrid cars in the U.S.A steadily increased from 2005 to 2012. In fact, the sale has increased 35 times during this period since 10,000 hybrid cars were sold in 2005 and 350,000 in 2012. Then, the sale continued decreasing until 2015 when 250,000 cars were sold. This is about the description of this bar graph.

해설 이 바 그래프를 묘사해 보겠습니다. 주어진 그래프가 나타내고 있는 것은 2005년부터 2015년까지의 미국에서의 하이브리드 자동차의 판매입니다. 수직축이 나타내고 있는 것은 0부터 40만 대의 판매된 자동차 숫자이며, 수평축이 나타내고 있는 것은 2005년부터 2015년까지의 연도입니다. 그래프에 나타나 있는 것처럼, 미국에서의 하이브리드 차량의 판매는 2005년부터 2012년까지 꾸준히 증가하였습니다. 사실상, 2005년 1만 대에서 2012년 35만 대 팔리면서 이 기간동안 하이브리드 차량의 판매량이 35배 증가하였습니다. 그 이후로 판매량이 계속 감소하여 2015년에는 25만 대가 판매되었습니다.

Word

• continue to : 계속해서 ~하다　• increase : 증가하다　• steadly : 꾸준히

What is the advantage of hybrid vehicles?
하이브리드 차량의 장점은 무엇입니까?

They are good for the environment because they consume less fuel compared to gasolin-powered cars.
환경에 좋습니다. 왜냐하면 가솔린을 사용하는 차량보다 연료를 덜 쓰기 때문입니다.

Is the hybrid vehicle popular in Korea?
하이브리드 차량이 한국에서 인기입니까?

I don't think it is that popuar among Korean people. First, most hybrid cars are expensive. In addition, they are few facilities like electricity charging stations.
한국사람들에게는 인기있는 것 같지 않습니다. 우선 하이브리드 차량은 비쌉니다. 게다가, 전기 충전소 같은 시설도 거의 없습니다.

Word

• comsume : 소비하다, 쓰다   • popular : 인기있는   • electricity charging station : 전기 충전소

5-3 라인 그래프

문제 유형 소개

제시된 라인 그래프를 보고 그래프가 나타내는 정보를 설명하는 문제입니다. 라인 그래프는 조사된 항목의 시간별 추세를 나타내는 데 주로 쓰입니다. 그래프는 대개는 복잡하지 않고 한 눈에 파악할 수 있는 간단한 것들입니다. 그래프의 묘사가 끝난 후에는 추가 질문이 이어질 수 있는데, 그래프에 나타난 데이터에 관한 것이나 혹은 그래프 주제에 관한 응시자의 의견을 묻는 것일 수 있습니다.

어떻게 답변할까?

답이 정해져 있는 것은 아니나 그래프가 나타내고 있는 것을 객관적으로 묘사하는데 중점을 둡니다. 우선은 그래프가 나타내고 있는 주제가 무엇인지 파악합니다. 그러고 나서, 라인 그래프에 나타나 있는 데이터의 변화를 설명합니다.

답변 구성을 다음과 같이 하시고, 1번과 6번 즉 첫 문장과 마지막 문장은 필수 사항은 아니지만, 첫 번째 문장을 하면서 제목, 수평축 및 수직축을 파악하고, 마지막 문장은 '이제 내 대답이 끝났다'는 것으로 정리된 답변으로 들립니다.

1. Let me describe this line graph.
2. This line graph shows 그래프 제목
3. The horizonal axis represents 수평축이 나타내는 것
4. The vertical asix represents 수직축이 나타내는 것
5. 라인 그래프에서 나타내고 있는 데이터의 변화를 설명합니다.
6. This is about the description of this line graph.

Q1

Describe the line graph.
라인 그래프를 묘사하십시오.

다음은 1970년부터 2010년까지의 한국의 노인 인구의 비율을 나타낸 라인 그래프입니다. 수평축은 1970년부터 2010년까지의 연도를 나타내고 수직축은 0부터 12까지의 백분율을 나타냅니다. 노인 인구 비율은 1970년부터 1990년까지는 완만히 증가하다가 1990년부터 는 급격한 증가를 보입니다. 이 변화를 increase 또는 rise라는 동사를 사용하여 설명하 며, 과거의 데이터를 묘사하므로 과거 시제를 사용합니다.

Percentage of Population Aged 65 and over in Korea

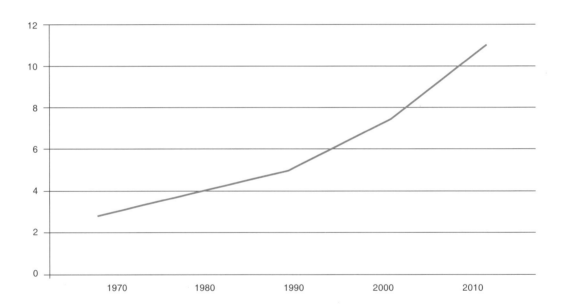

Word

• people aged 65 or over : 65세 이상인 사람들

Let me describe this line graph. This line graph represents the percentage of people aged 65 or over in Korea from 1970 to 2010. The horizontal axis represents the years from 1970 to 2010. The vertical axis represents the percentage from zero to 12. The line graph started with around 3% in 1970 and it kept increasing reaching around 11% in 2010. This is about the description of this line graph.

> **해설** 이 라인 그래프를 묘사해 보겠습니다. 이 라인 그래프가 나타내고 있는 것은 한국의 65세 이상 인구의 백분율입니다. 수평축은 1970년부터 2010년까지 연도를 나타냅니다. 수직축은 0부터 12까지의 백분율을 나타냅니다. 라인 그래프는 1970년에 3%로 시작했고, 계속 증가해서 2010년에 약 11%에 이릅니다. 이상이 이 라인 그래프에 대한 묘사였습니다.

Let me describe this line graph. This line graph represents the percentage of people aged 65 or over in Korea from 1970 to 2010. Horizontal axis represents the years from 1970 to 2010. The vertical axis represents the percentage from 0 to 12. The percentage of population aged 65 and over was around 3% in 2010. Then, it kept steadily rising and reached 11% in 2010. What is noticeable in this graph is that the percentage started to steeply increase in 1990. The increase in the percentage of the elderly population between 1970 and 1990 was only 2%, whereas the percentage between 1990 and 2010 almost doubles. This is about the description of this line graph.

> **해설** 이 라인 그래프를 묘사하겠습니다. 이 라인 그래프가 나타내는 것은 1970년부터 2010년까지의 한국의 65세 이상 인구의 백분율입니다. 수평축은 1970년부터 2010년까지의 연도입니다. 수직축이 나타내고 있는 것은 0부터 12까지의 백분율입니다. 2010년의 65세 이상 인구의 퍼센티지는 3%였습니다. 그리고 꾸준히 증가해서 2010년에는 11%에 이르렀습니다. 이 그래프에서 주목할 만한 것은 1990년에 백분율이 급격히 증가하기 시작했다는 것입니다. 1970년과 1990년 사이의 노인 인구의 퍼센티지의 증가는 오직 2%였습니다. 반면 1990년에서 2010년 사이의 백분율은 거의 2배였습니다. 이상이 이 라인 그래프에 대한 묘사였습니다.

Word

- start with : …로 시작하다   • keep increasing : 계속해서 증가하다   • keeps steadily rising : 계속 꾸준히 증가하다
- reach: …에 이르다   • What is noticeable in this graph : 이 그래프에서 주목할만한 것은   • steeply rise : 급격히 증가하다
- elderly population : 노인 인구   • whereas : 반면에

Why do you think that the percentage of the elderly population started to steeply increase in 1990?
왜 1990년에 노년인구가 급격히 증가하기 시작했다고 생각하십니까?

There may be several factors. However, the main factor is the economy. People in Korea experienced the financial crisis in the late of the 1990s. Many people lost their jobs and some families broke up. As they felt such an insecure economy, people tended not to have babies which are burdensome. Since more and more people did not want to have babies, the birthrate decreased and the rate of the elderly population started to steeply increase.
몇몇 요소가 있을 수 있습니다. 하지만 주요 요소는 경기입니다. 한국 사람들이 1990년대 말에 금융위기를 겪었습니다. 많은 사람들이 직업을 잃고 가족들이 해체되기도 했습니다. 경제가 불안하다고 느낌에 따라, 부담이 되는 아이를 갖지 않으려는 경향이 있었습니다. 더 많은 사람들이 점점 아기를 가지려 하지 않기 때문에 출산율이 떨어지고 노인 인구의 비율이 급격히 증가하기 시작한 것입니다.
- economy 경기
- be reluctant to 꺼려하다
- caretaker 보모/돌보는 사람
- burdensome 부담이 되는

Why is the percentage of the elderly population on the rise?
왜 노인 인구의 백분율이 증가세입니까?

The percentage of the elderly population continues increasing because many couples choose not to have babies nowadays.
노인 인구의 백분율이 계속해서 증가하고 있는 것은 요즘에 많은 부부들이 아이를 낳지 않기 때문입니다.

Why are couples reluctant to have a baby?
왜 부부들이 아기 갖기를 꺼려하나요?

Because raising a baby is burdensome. When they work, a couple have to find someone or a nursing home to take care of their baby. However, they find it difficult to find a reliable caretaker or a nursing facility. When either of them gives up his or her career and stays at home tor their baby, they are worried about their financial situation to feed and educate their baby. They end up giving up having a baby.
아이를 키우는 게 부담스럽기 때문입니다. 부부가 일을 할 때, 아이를 키워 줄 사람이나 보육원을 찾아야 합니다. 하지만, 믿을 만한 보모나 보육 시설을 찾는 게 힘들다는 걸 알게 되고, 둘 중 하나가 직업을 포기하고 아기를 위해서 집에 있게 되면 아기를 먹이고 교육시킬 그들의 경제적 상황에 대해 걱정합니다. 그래서 결국 그들은 아기를 갖는 걸 포기하게 됩니다.

Q2

Describe this line graph.
라인 그래프를 묘사하십시오.

다음은 미국과 한국의 실업률을 나타내고 있습니다. 수평축은 2000년부터 2008년까지의 년도를 나타내고, 수직축은 실업률 백분율을 말합니다. 이렇게 선이 2개 있는 라인 그래프는 선을 하나씩 차례로 묘사합니다. 우선, 미국의 실업률을 묘사하고 난 후 한국의 실업률을 묘사합니다. 미국은 2000년도에 7%였던 실업률이 계속 하락해서 2003년도에는 5%가 되었고, 그 이후에는 2008년도까지 5%를 유지하고 있습니다. 반면 한국은 2000년도에 2%였던 실업률이 계속 상승해서 2005년도에는 6%가 되어서 2008년도까지 6%를 유지하고 있습니다. 과거의 데이터를 묘사하므로 과거 시제를 사용합니다.

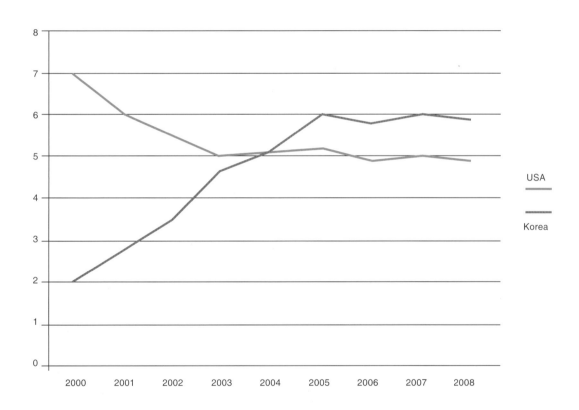

The Unemployment Rates in the U.S.A. and Korea

Word

• unemployment rate : 실업률

Let me describe this line graph. This line graph shows the unemployment rates in the U.S.A. and Korea from 2000 through 2008. The horizontal axis represents the years from 2000 to 2008. The vertical axis represents the percentage of the unemployment rate from 0 to 8. First, the unemployment rate in the U.S.A was 7 % in 2000. The rate steadily decreased to reach 5% in 2003 and then remained the same until 2008. On the other hand, the unemployment rate in Korea was 2% in 2000 and the rate steadily increased to reach 6% in 2005. The rate remained at the same rate until 2008. This is about the description of this line graph.

해설 라인 그래프를 묘사하겠습니다. 라인 그래프가 보여주고 있는 것은 2000년부터 2008년까지의 미국과 한국의 실업률입니다. 수평축은 2000년부터 2008년까지의 년도입니다. 수직축은 0에서 8까지의 퍼센티지입니다. 우선, 미국의 실업률은 2000년에 7퍼센트였는데, 꾸준히 감소하여 2003년에는 5%에 이르고 2008년까지 유지됩니다. 반면에, 한국의 실업률은 2000년에 2퍼센트였는데, 꾸준히 증가하여 2005년에는 6%에 이르고 이후에 2008년까지 유지되었습니다. 이상이 이 라인 그래프에 대한 묘사였습니다.

Let me describe this line graph. This line graph represents the rates of unemployment in the U.S.A and Korea in the period from 2000 to 2008. The horizontal axis represents the years from 2000 to 2008. The vertical axis represents the percentage from 0 to 8. From 2000 to 2003, the U.S. unemployment rate demonstrated a stead decrease, falling from 7% to about 5%. Then the rate remained at this percentage from 2003 to 2008. On the other hand, there was a continual increase in the unemployment rate in Korea from 2% to 6% between 2000 and 2005 then the rate plateaued at 6% until 2008. This is about the description of this line graph.

해설 이 라인 그래프를 묘사하겠습니다. 이 라인 그래프가 나타내고 있는 것은 2000년부터 2008년까지의 미국과 한국의 실업률입니다. 수평축이 나타내고 있는 것은 2000년부터 2008년까지의 연도입니다. 수직축이 나타내고 있는 것은 0에서 8까지의 퍼센티지입니다. 2000년부터 2003년까지 미국의 실업률은 7%에서 5%로 하락하면서 꾸준한 감소세를 보였습니다. 그리고 2003년부터 2008년까지 이를 유지하고 있습니다. 반면에 2000년과 2005년 사이의 한국의 실업률이 2%에서 6%로 꾸순히 상승해서 2008년까지는 이 상태를 유지했습니다. 이상이 이 라인 그래프에 대한 묘사였습니다.

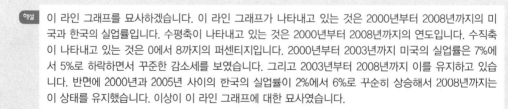

Word

• demonstrate a stead decrease : 꾸준한 하락을 보이다   • remain at this percentage : 이 퍼센티지에 계속 머물다
• plateau : (어떤 상태를) 유지하다

1
추가
질문

What can the government do to reduce the unemployment rate?
실업률을 줄이기 위해 정부가 무엇을 할 수 있을까요?

The government should create more jobs. To do so, it should offer business-friendly environment. For example, it can remove unnecessary regulations.
정부는 더 많은 일자리를 창출해야 합니다. 그렇게 하기 위해서는 사업 친화적인 환경을 제공해야 하는데, 예를 들어서 불필요한 규제를 없앨 수 있습니다.

Word

· create jobs : 일자리를 창출하다   · business-friendly environment : 사업 친화적인 환경   · remove : 없애다
· regulation : 규제

다음은 1970년부터 2010년까지의 영국에서 자동차, 지하철, 버스를 이용해서 출퇴근하는 사람들의 평균 수를 나타내고 있는 라인 그래프입니다. 수평축은 1970년부터 2010년까지의 연도를 나타내고 수직축은 통근자의 숫자를 나타내는 데 0부터 9백만까지입니다. 세 개의 라인 그래프를 하나의 그래프에 모아 놓았다고 생각하고, 라인을 하나씩 묘사합니다. 자동차와 지하철을 나타내는 라인이 증가세이니, 이 둘을 먼저 묘사하고, 나머지 감소세를 보인 버스에 대한 라인을 나중에 묘사해 주면 정리된 답변이 되겠습니다. 큰 숫자를 보고 처음엔 부담을 느낄 수 있지만, 1부터 9까지의 숫자 뒤에 million만 붙이면 되므로 쉽게 표현할 수 있습니다. 또한 과거의 데이터를 묘사하므로 과거 시제를 사용합니다.

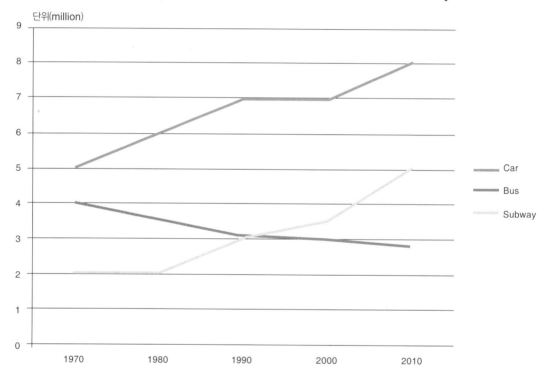

Average Number of UK Commuters Each day

Word

• the average number of : 평균 숫자

4급

Let me describe this line graph. This line graph shows the average number of people who go to work by car, bus or subway from 1970 to 2010. The horizontal axis represents the years from 1970 to 2010. The vertical axis represents the number of commuters in millions. First, the number of people driving to work increased from 5 million to 8 million during the given period. The number of commuters using the subway increased from 2 million to 5 million as well. On the other hand, the number for those who travelling by bus decreased from 4 million to around 3 million. This is about the description of this line graph.

> **해설** 이 라인 그래프를 묘사하겠습니다. 이 라인 그래프가 나타내고 있는 것은 1970년부터 2010년까지 자동차, 버스, 그리고 지하철을 타고 통근하는 사람들의 평균 숫자입니다. 수평축은 1970년부터 2010년까지년도입니다. 수직축이 나타내고 있는 것은 통근자의 숫자로 단위는 백만입니다. 우선, 차를 타고 출근하는 사람의 숫자는 주어진 기간 동안 5백만에서 8백만으로 증가했습니다. 마찬가지로, 지하철을 이용하는 통근자의 숫자 역시 2백만에서 5백만으로 증가하였습니다. 반면, 버스를 이용하는 사람들의 숫자는 4백만에서 약 3백만으로 줄었습니다. 이상이 이 라인 그래프에 대한 묘사였습니다.

5급

Let me describe this line graph. This line graph compares the average number of people moving to work by car, bus and the subway. The horizontal axis represents the years from 1970 to 2010. The vertical axis represents the average number of commuters in millions. In 1970, 5 million commuters go to work by car and the figure increased to 8 million in 2010. The number for the subway started from 2 million and rose to 3 million in 2010. The number of commuters using a bus decreased by approximately 1 million from 4 million to 3 million. Overall, the car is the most popular mode of transportation. This is about the description of this line graph.

> **해설** 이 라인 그래프를 묘사해 보겠습니다. 이 라인 그래프가 비교하고 있는 것은 자동차, 버스 그리고 지하철을 이용해서 통근하는 사람들의 평균 숫자입니다. 수직축이 나타내고 있는 것은 백만 단위로 통근자의 평균 숫자이고, 수평축이 나타내고 있는 것은 1970년부터 2010년 까지 연도입니다. 1970년에, 5백만 통근자가 차를 타고 일하러 갔고, 그 숫자는 증가해서 2010년엔 8백만이 되었습니다. 지하철을 위한 숫자는 2백만으로 시작해서 2010년에는 3백만으로 증가하였습니다. 반면에, 버스를 사용하는 통근자의 숫자는 약 1백만 줄어서 4백만에서 약 3백만이 되었습니다. 전반적으로, 자동차가 가장 인기 있는 운송수단입니다. 이상이이 이 라인 그래프에 대한 묘사였습니다.

Word

- go to work by car, bus, or subway : 자동차로, 버스로 또는 지하철로 출근하다   • commuter : 통근자
- during the given period : 주어진 기간 동안   • as well : 또한, 역시   • compare : 비교하다   • figure : 숫자

1 추가 질문

How do you go to work?
어떻게 회사에 가시나요?

I usually go to work by bus. There is a bus stop near my house. It takes only 5 minutes on foot.
보통은 버스를 타고 갑니다. 집 근처에 버스 정류장이 있는 데 걸어서 5분 걸립니다.

2 추가 질문

What is your favorite mode of transportation?
가장 선호하는 교통 수단은 무엇입니까?

I prefer driving a car because I can save time. When I take the subway or a bus, I sometimes need to transfer to get to the destination. However, when I drive a car, I don't need to.
저는 자동차를 선호하는 데, 시간을 절약할 수 있기 때문입니다. 지하철을 타거나 버스를 타면 때때로 목적지에 도착하기 위해 갈아타야 합니다. 하지만 제 차를 운전할 때 그럴 필요가 없습니다.

실전문제
Actual Test

Q1 ◀)) mp3 file no.45
How do you spend your free time when you go on a business trip?

◀)) mp3 file no.46
Follow-up Q1 Which tourist attraction have you visited for the recent business trip?

Q2 ◀)) mp3 file no.47
Listen to this passage and summarize it

◀)) mp3 file no.48
Follow-up Q1 Why are Korean marriages declining?

◀)) mp3 file no.49
Follow-up Q2 What do you think should be done to boost the fertility rate?

Q3 ◀)) mp3 file no.50
If you could be the CEO of your company just for a day and change one thing about your company, what would you change?

Q4 ◀)) mp3 file no.51
Describe this pie graph.

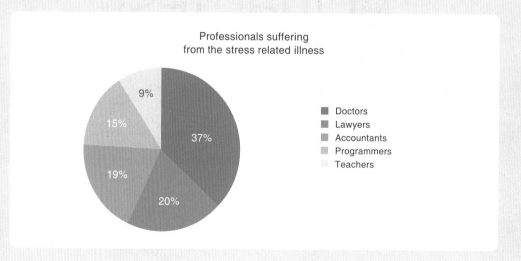

07 ACTUAL TEST 2

Q1 🔊 mp3 file no.52
What's your favorite season?

Q2 🔊 mp3 file no.53
Listen to this passage and summarize it.

🔊 mp3 file no.54
Follow-up Q1 Why should masks be discarded after a single use?

🔊 mp3 file no.55
Follow-up Q2 How should the fine dust problem be tackled?

Q3 🔊 mp3 file no.56
Do you think computers have a negative effect on health?

Q4 🔊 mp3 file no.57
Describe this picture.

ACTUAL TEST 3

Q1 ◀) mp3 file no.58

Do you enjoy shopping? With whom do you go shopping?

Q2 ◀) mp3 file no.59

Listen to this passage and summarize it.

◀) mp3 file no.60

Follow-up Q1 How have smartphones damaged interpersonal communication?

◀) mp3 file no.61

Follow-up Q2 How can we reduce smartphone addiction?

Q3 ◀) mp3 file no.62

What is your opinion on the Korean education system?

Q4 ◀) mp3 file no.63

Which do you prefer, a laptop, or a tablet PC?

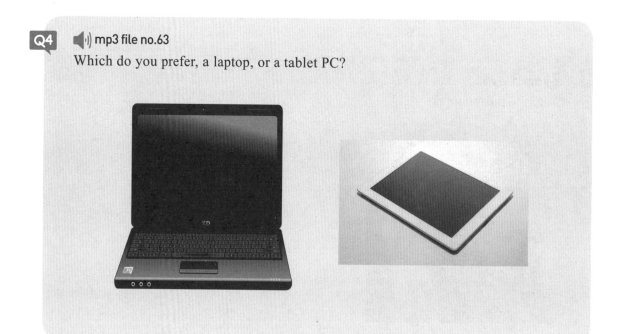

실전문제 해답
Actual Test

Q1 How do you spend your free time when you go on a business trip?

출장을 갔을 때 자유 시간을 어떻게 보내십니까?

A1 I'll talk about how I spend my free time when I go on business trips. Although I am busy having meetings with business counterparts, I would visit a tourist attraction or take a rest in the hotel when I can find free time.

출장 갔을 때 여가 시간을 어떻게 보내는지 말씀 드리겠습니다. 비즈니스 상대자와 미팅을 하느라 바쁘긴 하지만, 자유 시간이 생기면 관광지를 가거나 호텔에서 휴식을 취합니다.

Follow-up Q1 Which tourist attraction that you visited for the recent business trip?

최근의 출장에서는 어떤 관광지를 방문하셨나요?

Follow-up A1 I visited the fish market in Sydney during the business trip last summer. It was big and crowded. I had some seafood there.

지난 여름 출장에서 시드니에 있는 수산 시장을 방문했습니다. 크고, 혼잡스러웠습니다. 그 곳에서 해산물을 먹었습니다.

Q2 mp3 file no. 47

Listen to this passage and summarize it.

지문을 듣고 요약하십시오.

Only 257,622 couples were married last year in the Republic of Korea. Economic uncertainties and lack of opportunities are the main reasons. Koreans have not experienced an economic boom since the 1997 Asian Financial Crisis and many young people cannot find a decent job. There is little hope of earning enough to buy a house, get married and have a child. The rapidly aging society, due to the low birth rate, is casting a cloud over its future. Last year, Korea's total fertility rate reached an all-time low of 0.98, much lower than the replacement level of 2.1 which would keep the population stable at 51 million

작년에 대한민국에서는 단 257,622 쌍의 연인들만 결혼했습니다. 경제적 불확실성 및 기회의 부재가 가장 주요한 원인들입니다. 한국인들은 1997년 외환위기 이후 경제적 호황을 경험해보지 못하였으며 많은 청년들은 제대로 된 직장을 구하지 못하고 있습니다. 집을 사고, 결혼하여 아이를 낳을 정도의 돈을 벌 수 있을 것이라는 기대감은 거의 없습니다. 낮은 출산율로 인하여 빠르게 고령화되고 있는 사회는 미래에 어두운 그림자를 드리우고 있습니다. 작년, 한국의 총출산율은 사상 최저 수준인 0.98을 기록하였으며 이는 인구를 5,100만 수준에서 안정적으로 유지시켜줄 수 있는 대체 출산율인 2.1에 한참 못 미치는 수치라고 할 수 있습니다.

A2 Due to economic uncertainties and lack of opportunities, Koreans are choosing to marry less and have fewer children. This is clouding the future of Korea.

경제적 불확실성과 기회의 부재로 인해 한국인들은 결혼을 포기하고 있으며 아이도 덜 낳고 있습니다. 이는 한국의 미래를 어둡게 만들고 있습니다.

Follow-up Q1 Why are Korean marriages declining?

한국인들의 결혼 건수는 왜 줄어들고 있나요?

Follow-up A1 A1 Economic uncertainties and lack of opportunities are the main reasons. Koreans have not experienced an economic boom since the 1997 Asian Financial Crisis and many young people cannot find a decent job.

경제적 불확실성 및 기회의 부재가 가장 주요한 원인들입니다. 한국인들은 1997년 외환위기 이후 경제적 호황을 경험해보지 못하였으며 많은 청년들은 제대로 된 직장을 구하지 못하고 있습니다.

Follow-up Q2 What do you think should be done to boost the fertility rate?

출산율을 높이려면 어떻게 해야 한다고 생각하십니까?

Follow-up A2 I think the government should provide direct subsidies to parents to help raise their children

제 생각에는 정부가 부모들의 자녀 양육을 지원하기 위해 직접보조금을 지급해야 한다고 봅니다

Q3 If you could be the CEO of your company just for a day and change one thing about your company, what would you change?

만일 하룻동안 당신 회사의 CEO가 되어서 회사에 대해 한 가지를 바꿀 수 있다면 무엇을 바꾸겠습니까?

A3 If I were the CEO of my company, I would institute the flexible working hour system. Currently, the working hours are from 9 a.m. to 6 p.m. but not every employee needs to follow them. I am in the overseas sales department and working with European companies, especially French ones. Since they start to work at 4 in the afternoon in Korean time, I have little things to do in the morning and I am busy after 4 p.m. I tend to work overtime almost every day. Therefore, if I were the CEO of my company, I would introduce the flexible working hour system.

제가 만일 저희 회사의 CEO가 된다면, 저는 탄력 근무 제도를 도입하겠습니다. 현재, 근무 시간은 오전 9시부터 오후 6시까지인데, 모든 직원들이 이 근무 시간을 따를 필요는 없습니다. 저는 해외 영업부에서 유럽 나라들, 특히 프랑스와 같이 일을 하고 있습니다. 프랑스는 한국 시간으로 오후 4시에 일을 시작하기 때문에, 전 아침에는 할 일이 거의 없고 4시 이후에야 바쁩니다. 그래서 거의 매일 초과 근무를 하는 경향이 있습니다. 따라서, 만일 제가 저희 회사의 CEO가 된다면, 탄력 근무 제도를 도입하겠습니다.

Q4 Describe this pie graph.

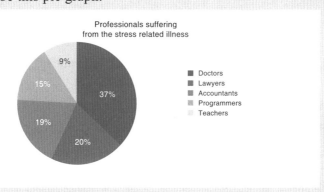

Professionals suffering
from the stress related illness

- Doctors
- Lawyers
- Accountants
- Programmers
- Teachers

A4 Let me describe this pie graph. This pie graph presents data on the percentage of professionals suffering from stress due to their jobs. According to the given data, teachers suffer from the stress related illnesses more than other professionals. They account for 37% of those who are suffering from the stress related illness. They are followed by doctors and accountants with 20% and 19% respectively. Programmers suffer the least amounting to only 9% of the total. This is the description of this pie graph.

이 파이 그래프를 묘사해 보겠습니다. 이 파이 그래프가 나타내고 있는 것은 직업에서 오는 스트레스를 겪고 있는 전문직 업인의 퍼센티지에 관련된 데이터입니다. 주어진 데이터에 따르면 교사인 다른 직업인 보다 더 많은 스트레스 관련 질병을 앓고 있습니다. 스트레스 관련 질병을 앓고 있는 사람 중 37%를 차지하고 있습니다. 그 다음은 의사가 20%, 회계사가 19%입니다. 프로그래머는 전체의 9%를 차지해서 가장 적은 스트레스 관련 질병을 앓고 있습니다. 이상이 이 파이 그래프에 대한 묘사였습니다.

Q1 What's your favorite season?

가장 좋아하는 계절은 무엇입니까?

A1 The season that I like best is fall in which the weather is beautiful. That is, it's neither cold nor hot. It is a perfect season for me to enjoy outdoor activities such as camping and hiking. Another reason why I like this season is that I can see autumn leaves. I sometimes go hiking to see autumn leaves that are beautiful.

제가 가장 좋아하는 계절은 가을인데, 날씨가 매우 아름답습니다. 춥지도 덥지도 않습니다. 캠핑이나 하이킹과 같은 야외 활동을 즐기기에 완벽한 계절입니다. 제가 이 계절을 좋아하는 또 다른 이유는 단풍을 볼 수 있기 때문입니다. 때때로 아름다운 단풍을 보기 위해 등산을 갑니다.

Q2 🔊 mp3 file no. 53

Listen to the passage and summarize it.

지문을 듣고 요약하십시오.

Today, masks are an integral part of Korean lives as the threat from intoxicating levels of fine dust in the air grow larger every year. As important as wearing masks have become, it is also imperative to wear them properly. People tend to keep their masks on outdoors but once they get indoors, the masks come off. However, the perception that air is safer within walls is a myth. Unless there are air purifiers filtering out the fine dust, the masks should stay on. Another common mistake people make with masks is reusing old ones. Masks should be discarded after a single use as they accumulate too much dust and compromise the filters' capabilities.

오늘날 마스크는 한국인들의 일상에 필수적인 요소로 자리잡았습니다. 이는 공기 중 치명적인 미세먼지의 농도가 가하는 위협이 매년 악화되고 있기 때문입니다. 마스크를 쓰는 것이 중요해진만큼 마스크를 제대로 사용하는 것도 중요해졌습니다. 사람들은 외부에서 마스크를 되도록이면 벗지 않으려고 하지만 실내에 들어서는 순간 마스크를 벗습니다. 하지만, 실내의 공기가 더 깨끗하다는 인식은 근거가 없습니다. 미세먼지를 걸러내는 공기청정기가 없다면, 마스크는 계속 쓰고 있어야 합니다. 마스크와 관련하여 사람들이 흔히 실수하는 또 한 가지는 사용했던 마스크를 재활용하는 것입니다. 마스크는 한 번 사용하면 필터의 성능을 저하시킬 정도로 많은 먼지를 축적하게 되므로 버려야 합니다.

A2 Masks are important against fine dust but people should keep them on indoors if there are no air purifiers and never reuse old masks.

마스크는 미세먼지에 대응하는 데 있어 중요하지만 공기청정기가 없다면 실내에서도 쓰고 있어야 하며 기존에 사용한 마스크를 재활용해서는 안됩니다.

Follow-up Q1 Why should masks be discarded after a single use?

마스크는 왜 한 번 사용하면 버려야 합니까?

Follow-up A1 they accumulate too much dust and compromise the filters' capabilities.

마스크는 한 번 사용하면 필터의 성능을 저하시킬 정도로 많은 먼지를 축적하기 때문입니다.

Follow-up Q2 How should the fine dust problem be tackled?

미세먼지 문제는 어떻게 해결해야 할까요?

Follow-up A2 Korea should work together with China to block the inflow of fine dust over the Yellow Sea while also devising more regulations to reduce local fine dust emissions.

한국은 황해 위로 넘어오는 미세먼지를 차단하기 위해 중국과 협력해야 하며 국내 미세먼지 배출량을 줄이기 위해 더 많은 규제를 도입해야 합니다.

Q3 Do you think computers have a negative effect on health?

컴퓨터가 건강에 나쁜 영향을 끼친다고 생각하십니까?

A3 Yes, the computer is harmful to health. It can be one reason which deteriorates eyesight and causes neck pain. For example, my using a computer for a long time at work has led to worse condition. My eyesight has become worse and my neck is painful. The only treatment suggested by the doctor is reducing hours of using a computer, which is not possible. I take vitamins to keep my eyesight getting worse and do a neck exercise to mitigate the pain.

네, 컴퓨터는 건강에 해롭습니다. 시력을 저하시키고 목 통증을 유발하는 하나의 원인이 될 수 있습니다. 예를 들면, 제가 회사에서 컴퓨터를 오랫동안 사용해서, 건강 상태가 나빠졌습니다. 시력이 나빠졌고, 목에 통증이 있습니다. 의사가 제시한 유일한 치료는 컴퓨터 사용 시간을 줄이는 것인데, 이는 가능하지 않습니다. 저는 시력이 더 나빠지는 것을 막기 위해 비타민을 복용하고 증상은 완화하기 위해 목 운동을 하고 있습니다.

Q4 Describe this picture.

사진을 묘사하십시오.

A4  This picture is of a girl waiting for a parasailing ride and two men helping the girl. The man on the left who has a ponytail is wearing glasses, a white sleeveless shirt and blue pants. He is checking the equipment. The girl in the middle wearing a life jacket and a harness of the parasail is ready for a parasailing ride. She is holding the ropes of the parasail. She looks so excited. The man on the right with curly hair is wearing a white T-shirt and pants. He is also holding the ropes of the parasail.

이 사진은 패러 세일링 타는 것을 기다리는 소녀와 그 소녀를 돕고 있는 두 사람에 대한 사진입니다. 머리를 묶고 있는 왼쪽의 남자는 안경을 쓰고, 하얀색 민소매 셔츠와 파란색 바지를 입고 있습니다. 그는 장비를 체크하고 있습니다. 구명 조끼와 패러 세일링 벨트를 입고 있는 가운데 있는 소녀는 패러 세일링 할 준비가 되어 있습니다. 그녀는 낙하산의 밧줄을 잡고 있습니다. 그녀는 매우 신나 보입니다. 오른쪽에 있는 곱슬 머리 남자는 흰 셔츠와 바지를 입고 있습니다. 그 남자도 낙하산 줄을 잡고 있습니다.

Q1 Do you enjoy shopping? With whom do you go shopping?

쇼핑을 좋아하십니까? 누구와 함께 쇼핑합니까?

A1 Yes, I enjoy shopping and whether I go shopping alone or with someone depends on what I shop. When I go grocery shopping, I go to a grocery store by myself and I buy items that I list before the shopping and return home. However, when I go clothes and shoes shopping, I need company that will look around together and help me with purchasing decisions.

네, 저는 쇼핑을 즐깁니다 그리고 혼자 쇼핑을 할지 누군가와 함께 쇼핑을 할지는 제가 무엇을 사느냐에 달려 있습니다. 식료품 쇼핑할 때에는 혼자 식료품점에 가서 쇼핑 전에 작성한 목록에 있는 물품만 사서 집으로 옵니다. 하지만 옷과 신발 쇼핑을 하러 갈 때에는 같이 둘러보고 구매 결정을 도와줄 동행이 필요합니다.

Q2 Listen to the passage and summarize it.

지문을 듣고 요약하십시오.

Ever since the launch of the first iPhone in 2007, Apple's revolutionary smartphone has completely changed the world. However, such radical innovations have not been without side effects. There are some who argue that the enhanced connectivity has in fact damaged interpersonal communication as the obsession with their phones are preventing people from literally seeing eye to eye. Furthermore, the risk of privacy breaches have increased exponentially as phones now store all types of personal information even as hackers find more ways to gain access to such data over the air.

2007년 첫 아이폰이 출시된 이후, 애플의 혁명적인 스마트폰은 세상을 변화시켰습니다. 하지만 이처럼 급진적인 혁신에 부작용이 없던 것만은 아닙니다. 몇몇 사람들은 향상된 통신이 오히려 대인관계의 소통에 방해가 되었다고 주장합니다. 휴대전화에 대한 집착으로 인해 사람들이 말 그대로 서로 눈을 마주치지 못하도록 막고 있기 때문입니다. 나아가, 사생활 침해의 위험성은 기하급수적으로 늘어났습니다. 전화에 모든 종류의 개인정보를 저장하게 되었지만 그만큼 해커들이 무선으로 자료에 접근하는 방안을 많이 개발하였기 때문입니다.

A2 Smartphones have changed the world but they have side effects such as aggravated mobile device addiction and increased privacy violation possibilities.

스마트폰은 세상을 변화시켰지만 악화된 휴대기기 중독과 증대된 사생활 침해 가능성 등의 부작용도 있습니다.

Follow-up Q1 How have smartphones damaged interpersonal communication?

스마트폰은 어떻게 대인관계의 소통을 방해하고 있습니까?

Follow-up A1 The obsession with their phones are preventing people from literally seeing eye to eye.

휴대전화에 대한 집착으로 인해 사람들이 말 그대로 서로 눈을 마주치지 못하고 있습니다.

Follow-up Q2 How can we reduce smartphone addiction?

스마트폰 중독은 어떻게 줄일 수 있을까요?

Follow-up A2 People should intentionally set apart time away from smart devices and use that time to reflect on themselves..

사람들은 의도적으로 시간을 정해서 스마트 기기로부터 스스로를 격리해야 하며 그 시간을 통해 스스로를 돌아봐야 합니다.

Q3 What is your opinion on the Korean education system?

한국의 교육 제도에 대한 당신의 의견은 무엇입니까?

A3 Korean education is about training students to get a high score in the exam and to enter a prestigious university. This system is putting students under severe pressure, and pushing those who are not academically good students out of school or even in a tragedy. Differences among students should be respected and chances for students to find and foster their own talents should be given.

한국의 교육은 학생들이 시험에서 높은 점수를 얻고 일류 대학에 진학하도록 훈련하는 것입니다. 이러한 제도는 학생들에게 극심한 압박을 주고, 공부를 못하는 학생들을 학교 밖이나, 심지어 비극으로 치닫게 하기도 합니다. 학생간의 다름이 존중되어야 하고, 학생들이 자신의 재능을 발견하고 육성할 수 있는 기회가 주어져야 합니다.

Q4 Which do you prefer, a laptop, or a tablet PC?

A4 There are advantages and disadvantages of both the laptop and the tablet PC, but I think that the tablet PC is better than the laptop. First, it is less cumbersome. When I have to get work done while traveling, I just turn it on and do my work. On the other hand, when I use a laptop, I have to flip open it and find a flat surface to put it on. Actually, I don't think I can work while traveling using a laptop. Second, it has far better battery life than the laptop. The tablet PC has battery life that lasts up to one day, whereas the laptop's battary lasts only 3 or 4 hours.

노트북과 태블릿 둘 다 장점과 단점을 가지고 있지만, 저는 태블릿이 노트북보다 더 낫다고 생각합니다. 우선, 다루기 용이합니다. 제가 이동 중에 일을 처리해야 할 때, 저는 태블릿을 켜고 그냥 일을 하면 됩니다. 반면에, 제가 노트북을 쓰면, 접혀진 걸 펴야 하고, 올려 놓을 평편한 곳을 찾아야합니다. 사실, 이동 중에 노트북을 사용해서 일을 할 수 있을 것 같지는 않습니다. 다음으로, 태블릿이 랩탑보다 배터리 수명이 훨씬 좋습니다. 태블릿 수명은 하루까지 지속되지만, 반면에 노트북의 배터리는 3시간이나 4시간만 지속됩니다.

MEMO

LABS 1:1 오프라인 수업 10% 할인권

본 할인권을 들고 랩스로 방문 해 주세요!
SPA시험 준비뿐 만 아니라 각종 스피킹 테스트 및
구사표현의 실력 향상을 랩스에서 도와드립니다.
오직 나만을 위한 1:1 어학수업으로 수준 업그레이드!

전국 랩스 지점에서 사용 가능합니다.
www.labs-academy.com

· 일부 매장은 선착순 마감으로 사용 불가하니 사전에 전화문의 바랍니다.
[12h(2시간x6회수업)코스 이상 등록 시 사용 가능]

현대기아자동차그룹
입사·승진 대비 말하기 시험 SPA

발 행 일 2020년 1월 5일 개정판 1쇄 인쇄
　　　　　 2020년 1월 10일 개정판 1쇄 발행

저 　　자 랩스어학원 연구진

발 행 처

발 행 인 이상원
신고번호 제 300-2007-143호
주 　　소 서울시 종로구 율곡로13길 21
대표전화 02) 745-0311~3
팩 　　스 02) 766-3000
홈페이지 www.crownbook.com
I S B N 978-89-406-3675-6 / 13740

특별판매정가 20,000원

이 도서의 판권은 크라운출판사에 있으며, 수록된 내용은
무단으로 복제, 변형하여 사용할 수 없습니다.
　　　　 Copyright CROWN, ⓒ 2020 Printed in Korea

이 도서의 문의를 편집부(02-6430-7012)로 연락주시면
친절하게 응답해 드립니다.